WOLFGANG JOHN

Meine Kindheit in Ziegra in den Jahren 1943 bis 1952

VINDOBONA
VERLAG SEIT 1946

Bibliografische Information
der Deutschen Nationalbibliothek:

Die Deutsche Nationalbibliothek
verzeichnet diese Publikation in
der Deutschen Nationalbibliografie.
Detaillierte bibliografische Daten
sind im Internet über
http://www.d-nb.de abrufbar.

Alle Rechte der Verbreitung,
auch durch Film, Funk und Fernsehen,
fotomechanische Wiedergabe,
Tonträger, elektronische Datenträger und
auszugsweisen Nachdruck,
sind vorbehalten.

www.vindobonaverlag.com

© 2024 Vindobona Verlag

ISBN 978-3-903574-56-4
Lektorat: Luisa Bott
Umschlagfotos: Kanison Charicha,
Flas100 | Dreamstime.com;
Wolfgang John
Umschlaggestaltung, Layout & Satz:
Vindobona Verlag
Innenabbildungen & Autorenfoto:
Wolfgang John
Quelle Karte: GeoSN, dl-de/by-2-0

Die vom Autor zur Verfügung gestellten
Abbildungen wurden in der bestmöglichen Qualität gedruckt.

Gedruckt in der Europäischen Union
auf umweltfreundlichem, chlor- und
säurefrei gebleichtem Papier.

Inhaltsverzeichnis

Einleitung 9
Mein Heimatdorf Ziegra 11
Mein Zuhause 17
Mein Freund Werner 28
Das Rittergut 32
Der Nachwuchs... 34
Meine Schulzeit 38
Mit Mutti unterwegs 41
Bei meinen Großeltern 49
Die Russen kommen 52
Die Russen sind da 57
Mein Vater... 61

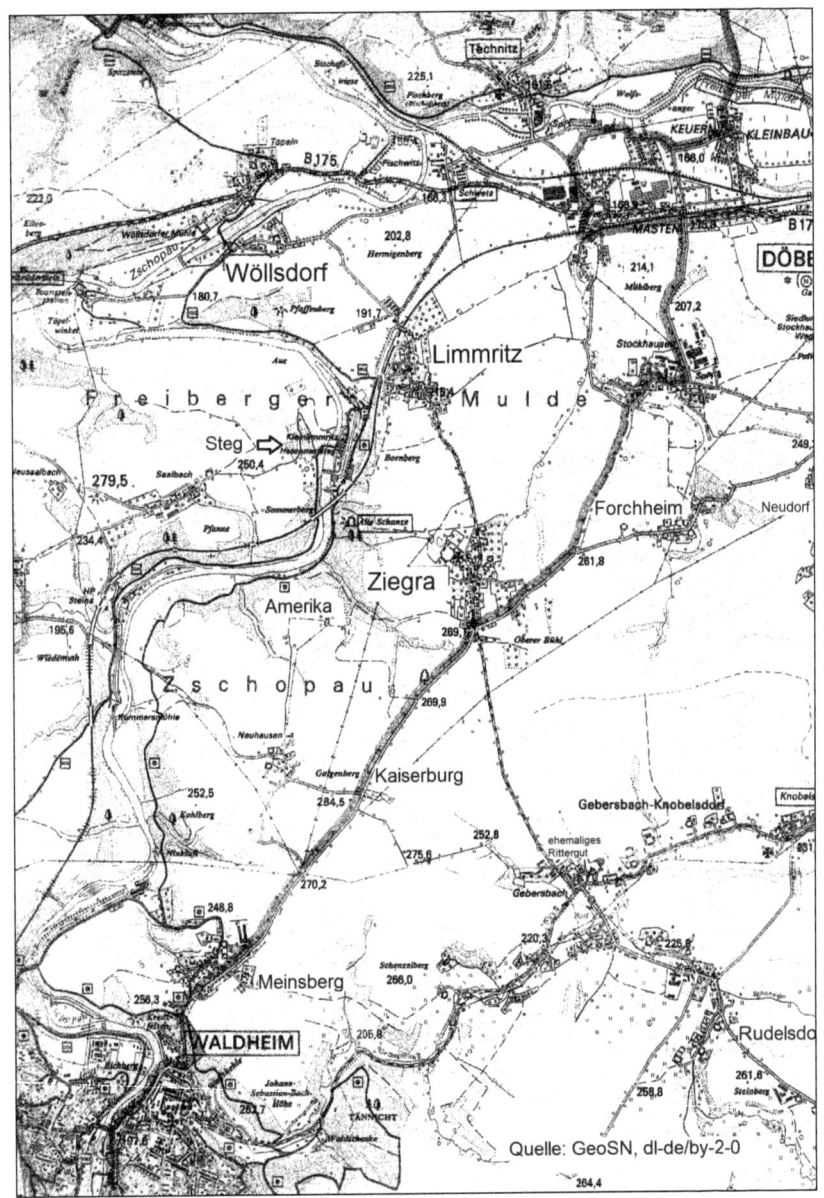

Quelle: GeoSN, dl-de/by-2-0

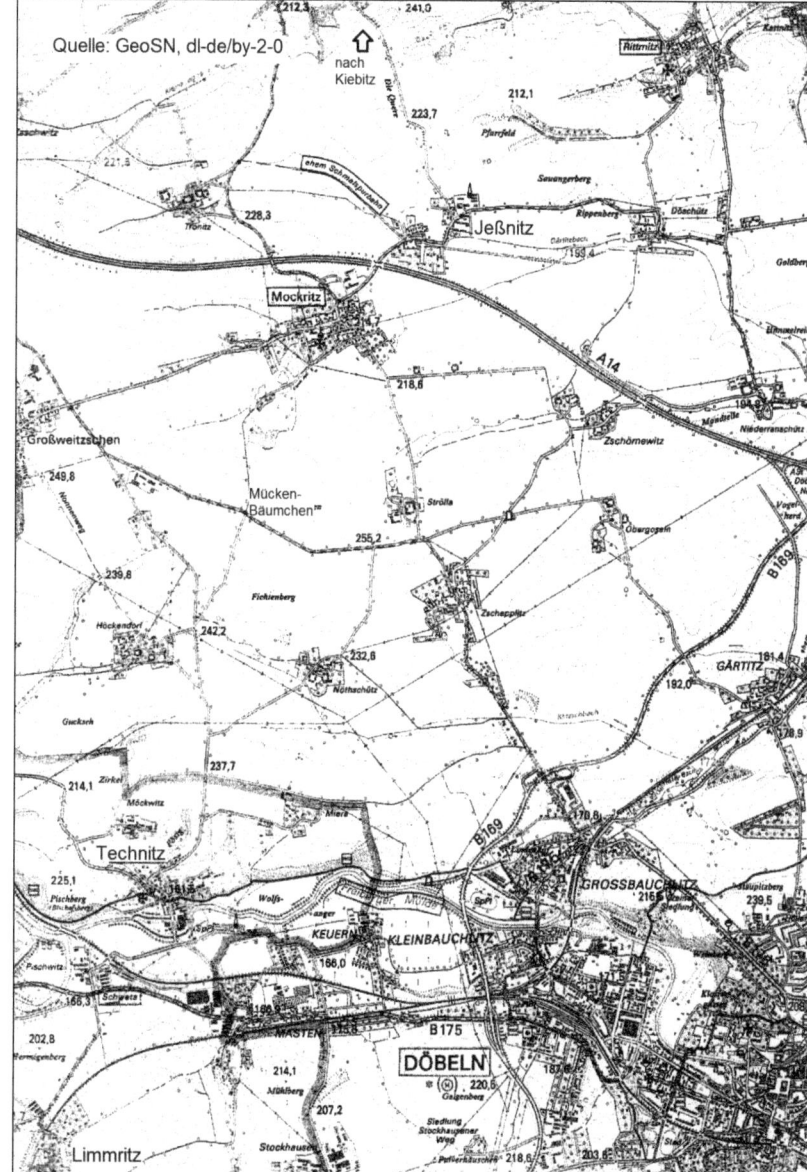

Einleitung

Es ist erstaunlich, dass sich viele Ereignisse aus meiner frühen Kindheit fest eingeprägt haben. Mein Erinnerungsvermögen reicht bis zum Jahr 1943 zurück. Damals war ich fünf Jahre alt. Besonders die folgenden Jahre, die mit dem Ende des Zweiten Weltkrieges und den ersten Jahren der russischen Besatzung verbunden sind, haben sich tief eingeprägt.

Ich beschränke mich auf Erlebnisse und Ereignisse, an die ich mich noch erinnere. Sicher werden sich nur die, die diese Zeit miterlebt haben, in meine Erlebniswelt hineindenken können.

Eigentlich schreibe ich meine Erinnerungen nur auf, weil ich befürchte, dass manches im Nebel des Erinnerns verschwinden wird und dass meine Enkelkinder oder deren Kinder einmal wissen möchten, was der Opa oder Uropa in seiner Kindheit erlebt hat und wie das damals zum Kriegsende war.

Ich habe bewusst diesen denkwürdigen Zeitabschnitt gewählt, weil ich in der Hoffnung lebe, dass uns und künftigen Generationen, Kriege erspart bleiben.

Wenn ich heute in mein Heimatdorf komme, dann wird mir gelegentlich bewusst, welche Veränderungen sich in einem halben Jahrhundert vollzogen haben. Noch einige Jahre nach dem Krieg hatte unser Dorf viele kleine Handwerksbetriebe. Ziegra war schon lange vor meiner Geburt an das elektrische Netz angeschlossen worden.

Wer heute nach Ziegra kommt, wird den Eindruck gewinnen, dass die Entwicklung stehen geblieben ist. Viele Menschen aus Schlesien und Ostpreußen hatten in Ziegra ein neues Zuhause gefunden. Ob sie heimisch geworden sind, ist fraglich. Das Rittergut mit all seinen Kulturgütern wurde zerstört. Bauern, die stets erfolgreich gearbeitet hatten, mussten Mitglied einer LPG (Landwirtschaftliche Produktionsgenossenschaft) werden. Bis zur Wende dachten linientreue Bürgermeister zuerst einmal an das eigene Wohl. Und diese Lethargie, die sich als Folge über mein Heimatdorf gelegt hat, konnte bis heute noch nicht beseitigt werden.

Mein Heimatdorf Ziegra

Mein Dorf. Ich nenne es so, da ich in Ziega geboren bin und bis zu meinem 18. Lebensjahr gewohnt habe. Die Zeit meiner Kindheit, die ich in Ziegra verbracht habe, war sicherlich sehr interessant. Ob sie auch schön war, darüber bin ich mir nicht so ganz sicher. Mancher hatte bestimmt auch in der Stadt seine Erlebniswelt, aber ich bin davon überzeugt, dass eine Kindheit in einem Dorf unvergleichbar mehr zu bieten hatte und vielleicht auch noch hat.

Ziegra ist nicht groß. Die Zahl der Einwohner bewegte sich um die fünfhundert. Das Dorf liegt auf einer flachen Bergkuppe. Von vielen Punkten hat man einen weiten Blick nach Westen und Nordwesten über das Zschopautal und nach Osten und Nordosten über das Tal der Freiberger Mulde. Zu Ziegra gehören einige Gehöfte, die bis zu einem Kilometer vom Ortskern entfernt sind und Namen haben, wie ‚Amerika' und ‚Kaiserburg'. Ziegra besaß niemals einen Platz oder ein zentrales Gebäude, das man hätte als Zentrum bezeichnen können.

Die mir wichtigen Dinge meines Dorfes möchte ich vom höchsten Punkt zum niedrigsten, am Ortsausgang nach Limmritz, wenige Jahre nach dem Krieg, in Gedanken verfolgen.

Auf der Straße von Döbeln über Forchheim kommend, zweigt wenige Meter hinter dem Ortseingang auf der linken Seite ein kurzer Weg zu einem rechteckigen Rasenplatz ab. An der vorderen Schmalseite steht ein zweistöckiges graues Gebäude, in dem im unteren Teil mein Kindergarten untergebracht war. Ich bin gern in diesen Kindergarten gegangen. Als mir meine Mutter eines Tages aufgetragen hatte, im Kindergarten zu sagen, dass ich nicht mehr kommen dürfe, habe ich viele Tränen vergossen. Ich wurde als Fünfjähriger zu Hause gebraucht. Über dem Kindergarten wohnte eine Frau, von der ich nur noch weiß, dass sie Hulda hieß. Zwischen dem Weg und dem Kindergarten ist ein

Garten und der ist zum Rasenplatz hin mit einigen Fliederbüschen abgeschlossen. Ich erinnere mich, dass Hulda gelegentlich zu diesen Fliederbüschen kam, uns den Rücken zuwandte, den Rock hob, an ihrem originellen Schlüpfer einen Latz herunterklappen lies und mit nach vorn gebeugtem Körper einem Fliederbusch ihr Wasser spendete. Ich nehme an, dass sie damals schon schlecht sah, denn wir spielten meist in nicht allzu großer Entfernung auf der Wiese.

Der Rasenplatz schließt in Richtung Döbeln mit einem flachen Backsteinhaus und auf der gegenüberliegenden Seite mit einem langen Hügel, aus dem noch Reste der ehemaligen Ziegelei ragen, ab. Zur Lehmgrube am oberen schmalen Ende führt ein kurzer Weg zwischen dem Spritzenhaus, dem Feuerwehrdepot der Freiwilligen Feuerwehr Ziegra und einem offenen, langen, baufälligen Schuppen, in dem wahrscheinlich die Lehmziegel vorgetrocknet wurden. In die Lehmgrube kann man sich an kleinen Birken hinunterhangeln. Sie ist nicht sehr tief. Am Grund haben sich einige Tümpel gebildet, in denen Schilf wächst. Am Ende des Sommers begann stets die Jagd auf die Schilfkolben, die Schilfzigarren, wie wir sie nannten. Es gab auch Laubfrösche, die auf den Schilfblättern gut getarnt waren.

Wenn wir der Hauptstraße weiter folgen, dann kommt auf der rechten Seite das ansehnliche Gebäude unserer Dorfschule. Der einzige, recht große Schulraum, mit sehr großen Fenstern zur Straße, befindet sich im Hochparterre. Am hinteren Ende des Klassenzimmers führt eine Tür in den Lehrmittelraum. Neben dem Klassenzimmer schließt sich, vom Flur aus zugängig, ein kleiner Turnraum an. Am hinteren Ausgang des Schulgebäudes, sind die Toiletten. Die Jungentoilette hat einen Holzverschlag. Die Wand mit einem Teeranstrich endet in einer Rinne. Im Winter war der Gestank erträglich.

In der ersten Etage war die Lehrerwohnung. Als ich 1944 eingeschult wurde, fand der Unterricht nur wenige Wochen in der Schule, später im Pfarrhaus statt. Die Schule war mit Flüchtlingen belegt.

Links, schräg gegenüber der Schule, ist die Poststelle. Die Familie Liebernickel hatte im Hochparterre ein Zimmer ihrer Wohnung, das auch vom Hausflur zugängig war, als Poststube eingerichtet. Der alte Herr Liebernickel trug die Post in einer großen Ledertasche aus, die er links vor seinem Körper hängen hatte. Wenn er die Post austrug, waren wir oft im Garten. Meine Mutter fragte meist vergebens nach einem Brief. Als er eines Tages am Zaun stehen blieb und sagte: „Frau John, ich habe etwas für sie", bemerkte ich, wie meiner Mutter die Hände zitterten, als sie den Brief entgegennahm. Meine Mutter war damals 32 Jahre jung. Der größte Teil der jungen Männer aus dem Dorf war entweder gefallen oder vermisst. Es muss im Spätsommer 1944 gewesen sein. In dieser Zeit war mein Vater in französische Gefangenschaft geraten und meine Mutter mit meinem zukünftigen Bruder Harald schwanger.

Etwas weiter, auf der rechten Seite, wohnte der Malermeister Moser. Was ihn betrifft, kann ich mich nur an eine Episode erinnern. Seine Frau hatte ihm aus dem Fenster des ersten Stocks zugerufen: „Mach's gut, Max" Er soll schnell nach oben gelaufen sein, aber sie war wohl nicht mehr zu retten. Sie soll, so sagte man, Blausäure genommen haben. Es wurde vermutet, dass Max für seine Arbeit nicht nur Geld genommen hatte.

50 Meter weiter kommt die einzige Straßenkreuzung. Links führt die Straße nach Gebersbach, Rudelsdorf und Knobelsdorf, geradeaus, bzw. leicht links, nach Meinsberg und Waldheim und nach rechts ins Dorf. Zwischen den Abzweigen Gebersbach und Meinsberg war das Grundstück des Glasermeisters Härtig. Beim Meister Härtig war mein Vater drei Jahre in die Lehre gegangen. Die Arbeit in der Werkstatt begann morgens um 6 Uhr und endete gewöhnlich abends um 18 Uhr. Danach waren bis zum Abendbrot verschiedene Arbeiten für die Familie des Meisters zu verrichten. Sonntags vormittags wurden die Werkstatt gereinigt und für die Familie des Meisters die Schuhe geputzt. Nach dem Mittagessen durfte mein Vater die drei Kilometer nach Hause laufen, um dann abends wieder zurückzukommen.

In dem Winkel zum Dorf, ist der Gasthof. Die zwei Gebäude im rechten Winkel schließen einen kleinen Platz ein, der zur Straße mit Linden gesäumt ist. In dem Gebäude zur Kreuzung befinden sich die Gaststube und die Wohnung der Wirtsfamilie Weber, im anderen Gebäude der Kuhstall und darüber der Tanzsaal. Auch dieser war vor und nach dem Kriegsende mit Flüchtlingen belegt.

Biegt man in Richtung Dorf um den Gasthof, dann ist links ein relativ großes Gut. Hinter diesem Gut führt ein Weg, später ein Feldweg, hinab zum Wald. Dieser Weg hieß und heißt bei den Dörflern ‚Galoppe'. Das ist der kürzeste, wenn auch der etwas beschwerlichere Fußweg nach ‚Amerika'.

Wenige Meter weiter, führt auf der rechten Seite, eine kurze Auffahrt zur Schmiede. Dem Schmied durften wir meist nur aus sicherer Entfernung zusehen, wenn etwas abzuholen war. Beeindruckend war das Beschlagen der Pferde. Wenn das heiße Hufeisen auf den Huf gedrückt wurde, und es gewaltig nach verbranntem Horn stank, krümmte man automatisch die Zehen in den Staub, als hätte man selbst das heiße Eisen unter den Füßen. Es war aber auch spannend, zu erleben, wenn der heiße Reifen auf das Speichenrad eines Pferdewagens oder auch auf ein Rad für einen Handwagen aufgezogen wurde. Diese Räder fertigte der Stellmachermeister Kilau, der nur wenige Meter weiter seine Werkstatt hatte.

Kurz nach der Schmiede zweigt rechts ein Weg zu einem Kramladen (Kolonialwarenladen) ab. Am Eingang dieses Weges, etwas erhöht, war das Grundstück des Stellmachers Kilau in Form eines kleinen Drei-Seiten-Hofes. Auf der gegenüberliegenden Straßenseite hatte die Familie Haft eine Wäschemangel. Da ich den Handwagen mit dem Wäschekorb ziehen durfte (musste), konnte ich in regelmäßigen Abständen das hölzerne und stählerne Ungetüm der elektrischen Mangel bewundern. Der Betonfußboden in diesem Raum war immer sehr kalt und sollte daher nicht barfuß betreten werden.

Von hier aus fällt die Straße mit dem sogenannten Dorfberg etwas stärker ab. Links am Dorfberg liegt der Friedhof. Unterhalb zweigen links der Feldscheunenweg und rechts die Schulgasse ab. Auf der linken Seite folgte unser Grundstück, zunächst mit dem Garten, in Form eines spitzwinkligen Dreiecks und dem Wohnhaus. Hinter dem Wohnhaus stehen ein Nebengebäude und eine Scheune. In dem Wohnhaus, das etwas groß aussieht, aber eigentlich nur für eine Familie gedacht ist, wohnten noch zwei Familien. Ich kann mich aber nur an die Frauen und die zugehörigen Töchter erinnern. Die Männer sind im Krieg geblieben. Hinter unserem Grundstück führt ein Weg zum Pfarrhaus und zur Kirche.

Warum die Schulgasse den Namen ‚Schul' trägt, ist mir nicht bekannt. Vielleicht war früher die Schule in dieser Gasse oder die Schule, die ich zu dieser Zeit besuchte, war über diesen Weg am schnellsten erreichbar. Die Schulgasse führt zur Straße nach Döbeln. Etwa in der Mitte waren auf der linken Seite die Weiden des Bauern Müller. Hier hatten wir mehrere Rodelbahnen, eigentlich ein richtiges Rodelparadies. Am Eingang der Schulgasse lag das Gut des Bauern Wetzig. Seine Frau, Elsa Wetzig, war meine Patentante. Herr Wetzig musste während des Krieges einige Zeit das Amt des Bürgermeisters übernehmen.

Die weiterhin leicht abfallende Straße biegt zunächst leicht nach rechts und wenig später wieder nach links ab. Von der rechten Krümmung zweigt links der Weg zum Rittergut ab.

Gleich rechts am Eingang dieses Weges fertigte Herr Weinert in einem dunklen Schuppen Weidenkörbe und Besen. In diesem Bereich war die Dorfstraße fehlerlos asphaltiert. Das war die Stelle, wo im Frühjahr gekreiselt wurde. Nach der linken Krümmung verläuft die Straße dann geradlinig zum Dorfausgang und in Richtung Limmritz. Etwas versteckt hinter dieser Kurve verkauften der Bäcker und seine Frau, die Familie Roßberg, neben Backwaren auch Brausepulver, Waffeln, Senf und Schuhcreme. Der kleine, unansehnliche Tümpel gegenüber diente als Feuerlöschteich.

Unterhalb des Bäckers folgen nur noch ein kleines Gut und einige Wohnhäuser. Fast am Ortsende wohnte die Familie Wartig. Sie hatte bis zum Kriegsende eine Wäschemangel. Mit der

Familie Wartig hatten meine Eltern freundschaftliche Beziehungen. Während der Zeit vor und unmittelbar nach dem Kriegsende war ich mit Mutti manchen Abend dort. Wenn mir irgendetwas fehlte, dann hatte Frau Wartig stets zwei Hausmittel zur Hand: Bullrich-Salz und Meerzwiebel. Bei Husten wurde von der Meerzwiebel, einer sehr großen Zwiebel, die in einen Blumentopf gepflanzt war, seitlich ein Stück abgeschnitten. Dieses Zwiebelstück, mit viel Zucker aufgekocht, ergab einen süßen, schleimigen Saft, der etwas nach Zwiebel schmeckte. Herrn Wartig kannte ich nur mit einem kalten Zigarrenstummel im Mund.

Etwa 100 Meter nach dem Grundstück der Familie Wartig ist das Ende des Dorfes mit der ‚Backe' erreicht. In dem kleinen, unverputzten Ziegelbau, der den Namen ‚Backe' trägt, sind in früheren Zeiten Obst, in erster Linie Pflaumen, getrocknet worden. Der Feldweg links hinter der Backe führt zum Wald, den ‚Ziegraer Schanzen'. Vom Waldrand fällt das Gelände ziemlich steil zum Tal der Zschopau ab. Folgt man nicht dem Weg zur Zschopau, sondern hält sich leicht links, dann sieht man vor sich eine gewaltige Buche mit einem Stammdurchmesser von eineinhalb Meter und dahinter erhebt sich der Wall einer ehemaligen slawischen Fliehburg. Diese Fliehburg soll in der Zeit von 900 bis 1000 n. Chr. bestanden haben. Der Wall war zusätzlich mit angespitzten Holzpalisaden gesichert. Im Inneren des Walls ist noch ein Rundweg erkennbar. Der innere Teil ist etwas erhöht und mit einzelnen Eichen bestanden. Hier befinden sich zwei oder drei Gräber mit schmiedeeiserner Einfassung der Familie des Rittergutsbesitzers Schmidt.

Mein Zuhause

Im Mai 1938 kam ich in der ‚guten Stube' meines Elternhauses zur Welt. Zu diesem Zwecke war für meine Mutter ein Bett aufgestellt worden. Die ‚gute Stube', heute würde man dazu Wohnzimmer sagen, wurde nur an Festtagen oder für Familienfeiern genutzt. Ab 1955 durfte das Wohnzimmer ständig betreten werden. Eigentlich wäre diese Praxis schon früher sinnvoll gewesen, denn in dem Wohnzimmer gab es einen schönen, großen Kachelofen und in der Küche nur einen Herd. Bis dahin spielte sich das Leben in der relativ großen Wohnküche ab.

Meine ersten Schritte

Bei meiner Generation und früheren Jahrgängen gab es im Mai deutlich mehr Geburten, als in den übrigen Monaten. Die Erklärung dafür war, dass in den heißen Augusttagen zur Grummternte (Grummet, das Heu des zweiten Rasenschnittes) die Frauen meistens nur ein leichtes Sommerkleid trugen. Durch diesen Leichtsinn hatte der Klapperstorch angeblich ein leichtes Spiel.

Mein Zuhause war in einem, von drei Familien bewohnten, Einfamilienhaus. Wir hatten für uns den größten Teil der untersten Etage, bestehend aus Wohnküche, ‚guter Stube', Abstellkammer und Schlafzimmer. Später wurde ich aus dem ehelichen Schlafzimmer in ein kleines Zimmer mit Dachschräge zum Hof, in der darüber liegenden Etage, verbannt. Wahrscheinlich bestand der Verdacht, dass ich nicht hinreichend fest schlief, wenn sich Vati und Mutti noch etwas zu sagen hatten. Die Decke der Dachschräge bestand nur aus gekalkten Brettern. Darüber war im geringen Abstand das nicht isolierte Schieferdach. Im Sommer war es in diesem Zimmer mitunter fast unerträglich warm und im Winter saukalt. Ich erinnere mich, dass ich am Federbett Eis von der Atemluft hatte und die Deckenschräge mit einer funkelnden Reifschicht überzogen war. Besonders unangenehm war es, wenn nachts einmal die Blase drückte. Wir hatten im Haus keine Toilette. Die Toilette war im Nebengebäude über dem Hof. Wenn man dann in seinem kurzen Nachthemd bei Minusgraden in Filzpantoffeln über den Hof auf die eiskalte Brille sollte, dann grübelte man schon manchmal, wie das Problem einfacher zu lösen wäre. Ich hatte zwar, wie auch meine Eltern, einen Nachttopf mit einem Deckel aus Sperrholz. Ich konnte mich aber nie mit dem Gedanken anfreunden, über oder in der Nähe dieses Urinpots zu schlafen. Zum Glück war die Fensterbank des kleinen Fensters zum Hof viel niedriger, als normale Fensterbänke. Und so schaffte ein kräftiger Strahl auf das Schuppendach Erleichterung. Ich war sicher nicht immer gleich gut und meistens auch schlaftrunken, so dass Frau Otto wieder einmal einen Grund hatte, sich über die Spritzer an dem Fenster ihrer Wohnküche bei Mutti zu beschweren.

Das Dorf hatte damals selbstverständlich keine Wasserleitung. Manche Häusler und auch die Bauern entnahmen ihr Wasser aus dem eigenen Brunnen oder aus einer Leitung von einem nahe gelegenen Brunnen. Oft war der Misthaufen nicht weit entfernt und so trockneten die Brunnen auch nie aus. Wir bezogen das Wasser von einem Brunnen der Familie Dreißig. Von diesem Brunnen jenseits der Straße verlief ein Bleirohr unter der Straße hindurch, an der Stirnseite des Hauses entlang durch den Garten bis zum Waschhaus im Seitengebäude. Hier war eine gusseiserne Schwengelpumpe, mit der man das Wasser in Emaille-Eimer pumpte und über den Hof in die Küche trug. Ich begreife heute noch nicht, dass man die Pumpe nicht im Wohnhaus eingebaut hatte. Im Winter wurde die Pumpe stets dick mit Stroh eingepackt und trotzdem fror sie immer wieder einmal ein.

In der Küche standen die Wassereimer unter einem Tischchen neben dem Herd. Auf diesem kleinen Tisch stand eine weiße Emaille-Schüssel zum Waschen. Für das warme Wasser hatte der Herd einen gusseisernen Trog mit Deckel. Zum Herausschöpfen hing an der Fliesenwand über dem Herd ein Niesel (mittelsächsisch: längliches Gefäß zum Schöpfen von Flüssigkeiten) aus Aluminium. Links vom Herd war ein gusseiserner Ausguss für das gebrauchte Wasser. Als mein Vater wieder daheim war, wurde regelmäßig einmal im Monat gebadet. Dazu holte er die große verzinkte Badewanne aus dem Keller. In den wärmeren Monaten badeten wir im Waschhaus. Das Wasser wurde im Waschkessel erhitzt. Hier gab es etwas reichlicher Wasser. In der kälteren Jahreszeit, wenn in der Küche gebadet wurde, war es schon komplizierter, denn da konnte das Wasser nur in mehreren großen Töpfen auf dem Herd erwärmt werden. Ich versuchte, stets als Erster in die Wanne zu kommen, auch wenn ich nur wenige Zentimeter Wasser bekam, für mich war wichtig, es war sauber. Nach mir kam mein Bruder dran, der aufgrund des geringen Alters noch ‚keine ‚Stimme' hatte. Dann folgte Vati und zum Schluss Mutti. Zwischendurch wurde das vorhandene Badewasser mit heißem Wasser wieder aufgewärmt und verdünnt.

Das Haus war vollständig unterkellert. In dem Teil, den wir nutzten, wurden Kohlen, Kartoffeln, Äpfel und Konserven gelagert. Lange Zeit hatten wir ein großes Pökelfass aus Steingut. Zwischen der Haustür und der Kellertür führten vier Stufen zur Wohnküche von Frau Otto und nach links zu unserer Vorsaaltür. Links vor unserer Vorsaaltür wand sich eine relativ breite Steintreppe im Halbkreis noch oben. Die Stufen waren vorn gefährlich abgerundet. Man konnte auf ihnen aber recht problemlos auf dem Hintern nach unten rutschen. In der oberen Etage hatte Frau Otto ein Schlafzimmer mit zwei großen Fenstern nach dem Garten und ein kleines Zimmer, so wie ich, nur nach der Straßenseite. Die restlichen drei Zimmer gehörten zu der Wohnung der Frau Liebernickel. Von dem oberen Flur führte eine Viertelkreis-Holztreppe zum Dachboden. Bis zum Kriegsende war der Boden fast leer. Es standen lediglich einige Eimer mit Löschsand, eine Feuerpatsche und eine Stange mit einem Eisenhaken. Gegenüber dem Wohnhaus stand ein Nebengebäude mit Waschhaus, Werkstatt, Toilette und Stall. Der acht Meter breite Hof zwischen beiden Gebäuden war mit Ziegelsteinen gepflastert. Der Hof schloss in Richtung Oberdorf mit zwei Schuppen und der Aschegrube ab. Zwischen dem Wohnhaus und den Schuppen war der Zugang zum Garten. Auf der anderen Seite begrenzte eine etwa zwei Meter hohe Ziegelsteinmauer, mit einem zweiflügigen Holztor und der Eingangstür, den Hof. Außerhalb des Hofes schloss sich an das Nebengebäude eine Scheune an, die in dieser Zeit von einem befreundeten Bauern genutzt wurde. Einige Zeit vor Ende des Krieges war vor der Scheune ein Spritzenwagen der Feuerwehr abgestellt. Das Wasser musste mit dieser Spritze von Hand gepumpt werden. Über die Länge des Fahrzeuges war ein in der Mitte gelagerter Hebel mit den Kolbenstangen von zwei Pumpzylindern verbunden. Auf den Plattformen an den Wagenenden standen auf jeder Seite zwei Männer, die den Pumphebel auf und nieder bewegen mussten.

An dieser Stelle muss ich noch etwas einfügen, was mir noch heute zu denken gibt. Man sollte Kinder auf keinen Fall unterschätzen und falsch informieren. Ich habe selbst mehrfach die Beobachtungsgabe, das Erinnerungsvermögen und die Kombinationsfähigkeit meiner Enkelkinder unterschätzt.

Ich hatte schon die Deckel-Schlüpfer von Hulda, die über unserem Kindergarten wohnte, erwähnt. Mutti hatte sicherlich auch originelle Unterwäsche, aber solch praktische Schlüpfer hatte sie nicht. Dafür hatte Mutti ‚Knieschoner'. Mir war als kleinem Kind schon mehrfach aufgefallen, dass Mutti hin und wieder etwas Merkwürdiges auf die Wäscheleine hängte. Diese Dinger waren aus weißem, dicklichem Stoff und hatten etwa die Form einer Schiffchenmütze, die hauptsächlich Matrosen trugen. An beiden Schmalseiten, waren zwei Bändchen. Ich wollte wissen, was da auf der Leine hängt und fragte Mutti. Mutti meinte, dass man diese Dinger brauche, wenn man mal ein böses Knie hat. Obwohl ich damals höchstens sechs Jahre alt war, hatte ich meine Zweifel an der Antwort, denn ich hatte nie beobachtet, dass Mutti Probleme mit den Knien gehabt hätte. Und ich sollte Recht behalten. Viele Jahre später, als ich mindestens doppelt so alt war, sah ich auf dem Weg zum Bäcker, 20 Meter vor mir, ein bekanntes Mädchen in meinem Alter laufen. Plötzlich bemerkte ich, dass unter ihrem Rocksaum etwas baumelte und zu Boden fiel. Ich war verwundert, dass sie es nicht bemerkt hatte und wollte schon rufen. Aber als ich näher kam und noch darüber grübelte, ob ich sie rufen sollte, da stellte ich überrascht fest,: Es war ein ‚Knieschoner' und er war blutig. Mir war klar, dass es ihr peinlich war. Und ich war froh, dass ich nicht gerufen hatte.

Soweit ich mich zurückerinnern kann, hatten wir im Stall ständig eine Ziege. Diese Ziege fing eines Tages merkwürdig zu meckern an und heftig mit dem Schwanz zu wedeln. Mutti wusste wahrscheinlich, was dem Tier fehlte. Und so kettete sie die Ziege ab und wir trotteten mit ihr zur Frau Fuhrmann im Oberdorf am Dorfrand. In einem Holzverschlag war ein schmutzig-weißer, stinkender Ziegenbock mit einem ziemlich langen Bart. Frau Fuhrmann öffnete in dem Verschlag eine Tür, schob unsere Ziege hinein und ging dann mit Mutti und mir ein Stück in Richtung Wohnhaus. Es wurden einige Neuigkeiten aus dem Dorf ausgetauscht, die mich aber nicht interessierten. Mich hätte mehr interessiert, warum unsere liebe Ziege diesem Gestank ausgesetzt wurde. Ich hatte auch erwartet, dass sich unsere Micke beklagen und jämmerlich meckern würde, aber nichts passierte. Bei meinem Grübeln erinnerte ich mich, dass Mutti einmal zu Frau Wartig gesagt hatte: „Wenn man von dem Bengel", gemeint war ich, „nichts hört, dann macht er bestimmt Blödsinn". Das konnte doch wohl nicht auch auf Micke zutreffen. Nach etwa einer Viertelstunde holte Frau Fuhrmann unsere Ziege wieder aus dem Verschlag und wir trotteten nach Hause. Micke stank noch lange nach diesem Bock. Im Winter wurde unsere Micke immer dicker, obwohl sie kein frisches Futter bekam. Mutti war dann so offen, dass sie mir sagte, sie würde bald zickeln. Als es dann wirklich so weit war, ich verstand nicht, woher Mutti das wusste, bekam Micke eine Schnitte Brot mit Öl darauf oder auch mit Zwiebelscheiben. Das sollte unserer Micke bei der Geburt helfen.

Kurze Zeit später war es dann soweit. Es waren zwei kleine Zicklein, die Probleme hatten, sich auf ihren Beinen zu halten. Aber schon am nächsten Tag kamen sie bis zur Schwelle des Stalles zum Hof, blinzelten in die Sonne und versuchten schon die ersten Hopser. In den nächsten Tagen war die Scheu verschwunden. Sobald die Stalltür geöffnet wurde, kamen sie auf den Hof und tollten mit mir um die Wette. Nun hatte ich Spielgefährten unmittelbar vor der Haustür.

Von Tag zu Tag gab es nun auch ständig mehr Milch und nicht nur Milch, sondern auch Quark, Käse und Butter. Zu diesem Zwecke hatte Mutti immer einige große Gefäße aus Steingut am Rande des Herdes oder in der Nähe stehen. Die frische Milch kam zunächst in eines dieser Gefäße. Nach einigen Stunden hatte sich auf der Milch eine dicke Schicht Sahne abgesetzt. Diese Sahneschicht schöpfte Mutti mit einem Esslöffel in ein Gefäß, das kalt gestellt wurde.

Von der entrahmten Milch durfte dann etwas getrunken werden. Der Rest wurde am Rande des Herdes gesäuert. Dabei flockte die Milch aus. Mit einem Leinentuch trennte Mutti Molke und Quark. Ein Teil davon wurde mit Salz und Kümmelkernen verfeinert und einige Tage stehen gelassen, bis die Quarkmasse außen gelblich-glasig wurde. Das nannte Mutti dann Käse. Na ja, wir haben davon wahrscheinlich keine gesundheitlichen Schäden genommen. Wenn genügend Sahne vorhanden war, dann durfte ich daraus in einem Stampffass Butter stampfen. Die Ziegenbutter ist von fast rein-weißer Farbe. Alle Produkte von einer Ziege sind bei so einfacher Behandlung gewöhnungsbedürftig. Da ich aber damit groß geworden bin, hatte ich als Kind keine Probleme.

Mutti hatte als junges Mädchen auf dem Rittergut in Gebersbach als Küchenhilfe und Köchin gearbeitet. Daher war Mutti stets eine gute Köchin. Ich denke jetzt noch wehmütig an manch guten Braten und an die vielen schmackhaften Torten. Vor und nach dem Kriegsende war es aber auch für sie schwer, immer etwas auf den Tisch zu bringen, was sättigte und auch einigermaßen schmeckte. An ein Essen erinnere ich mich, bei dem läuft mir heute noch das Wasser im Munde zusammen. Ende August hatten wir im Garten die ersten neuen Kartoffeln der Sorte ‚Ackersegen'. Nicht sehr groß, aber goldgelb. Pellkartoffeln und dazu sächsischer Schinken (heute trägt solcher Schinken die Bezeichnung Schwarzwälder Schinken) mit Speckrand, leicht angebraten und darauf Spiegeleier und Gurkensalat mit saurer Sahne. Das ist etwas, was ich heute noch sehr gern esse. Damals war es ein Essen, von dem man nicht satt wurde.

Im Sommer gab es oft Gräupchen (auch Graupen genannt, gerundete und geschälte Gerstenkörner). Aus Mangel an Fleisch kochte Mutti Streifen von Kohlrabi mit. In der kalten Jahreszeit gab es meist fleischlose Kartoffelgerichte, auch Quark und Kartoffeln und auch sehr oft Erbsen. Wenn es mehrfach in der Woche Erbsen gab, dann hungerte man auch gern einmal. Ich weiß nicht, woher Mutti die vielen Erbsen hatte. Dann hatte mir Mutti einmal eine rohe Scheibe Kohlrübe zum Essen gegeben. Sie schmeckte mir recht gut. Die Folge – es gab nun zu oft Kohlrübeneintopf. Nach kurzer Zeit konnte ich nicht mehr. Zum Glück blieb das mit dem Kohlrübeneintopf nur eine kurze Episode.

In der Hungersnot nach dem Krieg hatten wir immer ausreichend und teilweise auch abwechslungsreich zu essen. Täglich strömten Menschen auch durch unser Dorf und versuchten, etwas Essbares aufzutreiben. Auch bei uns klingelten immer wieder diese armen, bedauernswerten Menschen. Einmal stand ein jüngerer Mann vor unserer Tür und wollte ein Geduldsspiel gegen ein Pfund Mehl und ein Pfund Zucker eintauschen. Ich drängte Mutti, das Spiel zu erwerben. Hinterher hatte ich ein schlechtes Gewissen, denn ich hätte wissen müssen, dass man Mehl und Zucker nicht einfach kaufen konnte und dass beides täglich gebraucht wurde. Ein Ereignis macht mich heute noch betroffen. Wir hatten Kartoffeln und Quark gegessen. Es war nicht alles aufgegessen worden und so hatte Mutti die Reste von den Tellern in den Trog für die Hühner auf den Hof geschüttet. Kurz danach kam ein Mann auf den Hof, holte aus dem Rucksack ein Blechgefäß und löffelte unsere Essensreste aus dem schmutzigen Trog.

Der Winter 1944/45 war sehr schneereich. Der Schneepflug musste immer wieder einmal fahren. Er bestand aus zwei etwa 60 Zentimeter hohen und mindestens vier Meter langen, mit Eisenlaschen und Stahlkufen besetzten Seitenteilen aus dicken Brettern. Diese Seitenteile waren hinter einem Bug aus dickem Stahlblech drehbar befestigt. Zwischen diesen Seitenteilen verliefen unten ein kurzer und oben ein langer Balken, der mindestens zwei oder drei Meter über den Schneepflug hinausragte. Am hinteren Ende der Seitenteile waren zwei Paar Bretter mit Löchern, mit denen die Breite des Schneepfluges eingestellt werden konnte. Im vorderen Teil war ein Sitzbrett für den Kutscher. Der Schneepflug wurde stets im Oberdorf abgestellt. Wenn sehr viel Neuschnee gefallen war, dann zogen diesen Schneepflug sechs Pferde. An dem hinteren Balken waren meist zwei Männer bemüht, ein seitliches Ausbrechen des Schneepfluges zu verhindern.

Es dauerte oft nicht lange, dann war unser Dorf von der Außenwelt abgeschnitten. Um nach Döbeln oder nach Waldheim in die Molkerei zu gelangen, mussten die zugewehten Stellen freigeschaufelt werden. Nach Waldheim kamen die Pferdefuhrwerke nur über Gebersbach. Die Straße über Meinsberg konnte nur von Fußgängern benutzt werden, da sie von Meinsberg nach Waldheim sehr steil abfällt und etwa 60 Höhenmeter überwindet.

Wenn es eine solch kritische Situation gab, dann gingen mehrere Personen im Ort herum und teilten allen, die zum Schaufeln in der Lage waren, mit, wo und wann sie sich einzufinden hatten. Ich war mit meiner Mutter an der etwa fünf Meter tiefen Straßensenke, einen halben Kilometer nach dem Ortsausgang in Richtung Gebersbach. Die Erwachsenen und Jugendlichen schaufelten den Schnee über die Seitenwände. Als die wunderbar senkrechten Schneewände zu hoch waren, lud man den Schnee auf Pferdelastschlitten und brachte ihn auf nahe gelegene Felder. Die etwa 100 Meter lange Senke war nach wenigen Stunden wieder befahrbar.

Eines Tages, es muss ausgangs des Winters gewesen sein, es lag kein Schnee und die Wiesen waren noch grau, wurde ich auf das Brummen eines Flugzeuges aufmerksam. Das Flugzeug stieg nur unweit vom Dorf steil mit laut aufheulendem Motor nach oben. Plötzlich verstummte der Motor, das Flugzeug flog einen Bogen und dann steil nach unten. Beim Nach-unten-Fliegen drehte es sich um seine eigene Achse. Ich stürzte zu meiner Mutter, um ihr zu sagen, was ich beobachtet hatte und dass ich vorhatte, nach dem Flugzeug zu suchen. Meine Mutter war wahrscheinlich auch neugierig und zudem wollte sie den 6-Jährigen nicht allein gehen lassen. Im Oberdorf waren schon andere Neugierige in Richtung Gebersbach unterwegs. Sie hatten den Absturz sicherlich auch verfolgt. In der Senke in Richtung Gebersbach, links der Straße, lag dann auch das Flugzeug. Es lag auf dem Rücken und war, was ich nicht erwartet hatte, ziemlich unversehrt. Die Kanzel, in der der Pilot sein musste, hatte sich in den weichen Boden gebohrt. Irgendwelche Männer in Zivil gingen immer wieder um das Flugzeug herum und waren sich nicht recht schlüssig, was sie tun sollten und konnten. Es wurde getuschelt, dass der Pilot eventuell noch drin wäre. Man versuchte, das durch Klopfen auf den Rumpf zu ermitteln. Schließlich sollte wohl etwas geschehen. Es erging Order, jeder solle sehr stabile Stangen holen. Auch Mutti ging und holte die Tragestangen für den Jauchezuber. Als sie zurückkam und es interessant werden sollte, wurden wir weggeschickt. Wir durften nicht einmal aus größerer Entfernung zusehen.

Ausgangs des Winters kamen immer wieder Flüchtlinge einzeln oder auch in sogenannten Flüchtlingstrecks durch unser Dorf. Manche hatten ein Pferdefuhrwerk, viele aber nur einen Hand- oder einen Kinderwagen. Fast alle waren schmutzig, dick und unförmig gekleidet. Sie hatten wohl alle Kleidung, die sie besaßen, auf dem Leib. Bei ihrer teilweise sehr langen Flucht, mussten sie, auch im Winter, gelegentlich im Freien übernachten. Mutti erklärte mir, dass diese Menschen ihr Zuhause verlassen mussten und nur die paar Habseligkeiten hatten, die in einem Kinder- oder Handwagen Platz fanden. Das Schicksal dieser Menschen hat mich schon als Kind sehr berührt. Wir hatten ein Zuhause, hatten zu essen und auch ein warmes Bett.

In der Zeit vor dem Kriegsende gab es für uns Kinder kaum etwas, wonach sich Kinder sehnten. Ich erinnere mich, dass es beim Bäcker gelegentlich Brausepulver für zehn Pfennige das Päckchen gab. Zweimal gab es etwas Besonderes: eine längliche, runde Waffel, die eine köstliche, mehrfarbige Füllung hatte, und einmal einen rechteckigen Lutscher, der quer zum Stiel dreifarbig eingefärbt war.

Kurz nach Kriegsende hatten wir kein Radio mehr. Alle Dorfbewohner waren aufgefordert, ihr Radio abzugeben. Die Radios wurden auf dem Vorplatz des Gasthofs auf einem großen Haufen gestapelt. Es war ein beeindruckend großer Berg. Ich konnte mir damals nicht vorstellen, dass es in unserem kleinen Dorf so viele Radios gegeben hatte.

In den ersten Nachkriegsjahren war alles Mangelware. Es war die Zeit der sogenannten Ersatzstoffe. Es gab bald die ersten Igelittschuhe (aus Polyvinylchlorid mit Weichmachern).

Ich hatte ein paar Halbschuhe aus rotbraunem PVC mit grünen Streifen auf den Nahtstellen. Da mir die Schuhe von Anfang an zu klein waren, konnte ich sie nur ohne Socken tragen. Meine sonst braunen Füße sahen dann immer fast weiß aus, wenn ich die Schuhe auszog.

Allmählich gab es auch wieder Seife. Und Mutti fing an, unter ihrem Bett Seife zu horten. Allmählich wurde es ein großer Karton, der kaum noch unter das Bett passte. Wenn ich später Mutti daraufhin ansprach, meinte sie jedes Mal: „Junge, lege dir ein paar Stücken Seife beiseite. Wenn es Krieg gibt, dann gibt es zuerst keine Seife mehr"! Meine Eltern hatten in ihrem jungen Leben zwei schreckliche Kriege erlebt und das prägte.

Mutti 1918

Mein Freund Werner

Werner war mein Freund. Jede freie Minute, die wir hatten und die wir uns nahmen, auch wenn das mitunter von schmerzlichem Nachteil war, verbrachten wir zusammen. Werner hatte viele Vorzüge: Er war nicht streitsüchtig, bereit, sich auch einmal unterzuordnen, und dann war sein Vater Kutscher auf dem Rittergut. Damit standen ihm, für mich heute noch unverständlich, fast alle Türen auf dem Rittergut offen. Vielleicht sollte man richtiger sagen, er bildete sich ein, überall hin zu dürfen. Und überall dort waren wir auch.

Werner wohnte mit seiner Familie in einem Gebäude, das wohl zum Rittergut gehörte. Es war das letzte Gebäude rechts am Feldscheunenweg. Vor diesem Gebäude, das rechtwinklig zum Weg stand, war eine freie, unbefestigte Fläche und davor, also an unser Grundstück angrenzend, das Haus der Familie Rabe. Der Hausflur war dunkel und muffig und mit groben Steinen aus Gneis gepflastert. Im unteren Teil des Hausabschnitts waren nur eine Wohnküche und ein kleines Wohnzimmer. Darüber muss ein Schlafzimmer gewesen sein, aber dort bin ich nie gewesen. Wir haben uns auch nie in dieser Wohnung aufgehalten. Ich empfand sie als düster und deprimierend. Ein offener Gang mit einer bogenförmigen Decke teilte das Gebäude in der Mitte. Dieser Gang führte quer durch das Haus und war an der gegenüberliegenden Längsseite verschlossen. Wahrscheinlich sollte er zum Abstellen eines Pferdefuhrwerkes oder einer Kutsche dienen. In der Mitte dieses Ganges kam man durch eine einfache Tür in einen ca. 40 Quadratmeter großen Raum. In diesem Raum hausten bis zum Kriegsende russische Kriegsgefangene, mindestens zehn, es können auch mehr gewesen sein. Ich kann auch nicht sagen, ob sie über diesem Raum noch einen zum Schlafen hatten. Die Kriegsgefangenen mussten sicherlich auf dem Rittergut arbeiten. Wenn ich bei Werner war, dann hatten wir höchstens einmal mit einem etwa 20-jährigen, kurzgeschorenen Russen zu tun, der etwas Deutsch konnte und den wir Iwan nannten. Ich erinnere mich, dass Iwan etwa eine Woche, bevor die Russen zu uns ins Dorf kamen, in Holzlatschen aus dem Torbogen kam und mit diesen Latschen, ohne ein Wort, unwahrscheinlich schnell den Feldscheunenweg in Richtung Wald rannte. Durch die Ereignisse zum Ende des Krieges, ist mir gar nicht bewusst geworden, dass die Russen später nicht mehr da waren.

Während ich eine Frisur hatte, die man später als Topfschnitt bezeichnete (Spötter meinten, für eine solche Frisur bekäme man einen Topf auf den Kopf und alles, was an Haaren drunter hervorguckt, wird abgeschnitten), hatte Werner eine, für uns heute, recht moderne Frisur. Fast der ganze Kopf war sehr kurz, fast kahlgeschoren und über der Stirn hatte er ein Büschel Haare.

Wenn Werner zu mir kam, dann kam er zeitgemäß im Flugzeug, d. h. er rannte zu mir mit ausgebreiteten Armen als Tragflügel und „Wolgag täräterätät, Wolgag täräterätät" rufend. Wenn es mir gelang, mich ungesehen von zu Hause zu verdrücken, dann ging es meist zum Rittergut oder dorthin, wo wir meinten, etwas erleben zu können. Oft kam ich dann, nach Ansicht meiner Mutter, zu spät nach Hause. Zu diesem Zwecke hatte sie stets den Teppichklopfer im Flur hängen.

Auf dem Rittergut gab es zu jeder Tages- und Jahreszeit etwas zu erleben. Wenn man dabei sein wollte, wenn der LanzBulldog in Betrieb genommen wurde, dann musste man schon vor dem Frühstück verschwinden. Der LanzBulldog stand meist am Eingang des Sauweges. Er war ein Ungetüm aus Eisen. Vorn hatte er kleine Eisenräder mit einem senkrecht stehenden Eisenring, der verhindern sollte, dass die Räder seitlich wegrutschen können. Die großen Hinterräder hatten auf dem breiten Eisenreifen drei Reihen großer dreieckiger Zapfen. Diesen LanzBulldog konnte man nicht einfach starten. Um ihn in Gang zu bringen, musste der Glühkopf erst einmal aufgeheizt werden. Dazu wurde eine Lötlampe, laut fauchend, unter den runden Eisenvorbau gesteckt. Wenn der Fahrer dann den Eindruck hatte, dass der Glühkopf heiß genug wäre, kam er mit dem Lenkrad und einem

Stück Lenkstange, steckte es seitlich in eine Öffnung und versuchte damit, den Motor anzuwerfen. Nach vielen vergeblichen Versuchen fing der Bulldog dann doch einmal an zu tuckern.

Zur Erntezeit wurden die Garben sowohl in der Feldscheune zum baldigen Ausdreschen als auch in der großen Scheune für den Winterdrusch abgeladen. Von der Feldscheune bis zur oberen Giebelseite der großen Scheune führte ein leicht ansteigender Weg, man könnte sagen eine Rampe. An der Giebelseite war ein großes Tor und hinter diesem Tor führte ein hölzerner Steg längs durch die gesamte Scheune. Dieser Steg war so breit, dass darauf gerade ein Pferdewagen fahren konnte. Rechts war ein schmaler, erhöhter Streifen zum Gehen. Beidseitig war ein niedriges, hölzernes Geländer. Dieser Steg war so hoch, dass man vom Gutshof aus auf der Längsseite der großen Scheune mit beladenen Fuhrwerken darunter durchfahren konnte. Auch die große Dreschmaschine konnte darunter betrieben werden.

Um die hochbeladenen Leiterwagen, wie wir die Erntewagen nannten, in die große Scheune zu bringen, wurden die Wagen am unteren Ende der Rampe abgestellt. Die Pferde wurden mit Ortscheiten und Zugwaage abgehängt und hinter den Wagen geführt. Dann wurde ein kräftiger Balken zwischen den zwei Pferden in eine kleine Aussparung am Ende des Wagens gesteckt. Mit diesem Balken konnten die Pferde den Wagen schieben. Vorn musste ein Landarbeiter den Wagen lenken und am Ziel in der Scheune mit der seitlichen Bremskurbel abbremsen. Der Kutscher knallte mit der Peitsche, die Pferde stemmten sich mit aller Kraft ein. Der Schubbalken schliff mit dem hinteren Ende auf dem Boden. Als die Pferde vor der Scheune gestoppt wurden und die Schubdeichsel herunterfiel, hatte das schwere Fuhrwerk eine so große Geschwindigkeit, dass es bis zum Ende der etwa 100 Meter langen Scheune weiterrollte. Diesem Treiben habe ich sehr oft zugesehen. Wie sich die Pferde mit ihren kräftigen Hinterteilen einstemmten, mit den Hufen und auch mit der Schubdeichsel Funken schlugen. Und vornweg rannte der Landarbeiter, der bei einer Unachtsamkeit stolpern und unter die Räder kommen konnte.

Zum Ende des schneereichen Winters 1944/45, als gegen Ende März der Schnee fast weg war, trotteten wir, Werner und ich, über die noch sehr feuchten Wiesen des Rittergutes in Richtung Wald. Dort, wo die Weidefläche stärker zum Bach hin abfiel, kam das Wasser in hohem Bogen aus einigen Mäuselöchern. Wir waren beeindruckt. Leider dauerte das Schauspiel nicht sehr lange. Auf dem Rückweg war von diesen Wasserspielen kaum noch etwas zu sehen. Wir waren so von den kleinen Springbrunnen gefesselt, dass wir erst recht spät bemerkten, dass hier und da auf der Wiese silbern-glänzende Streifen lagen. Wir begannen, die seltsamen Dinger, die etwa zwei Zentimeter breit und etwa 30 bis 40 Zentimeter lang waren, zu sammeln. Je näher wir zum Wald kamen, umso häufiger fanden wir diese Streifen. Wir bemerkten aber auch, dass noch viele von oben auf die Wiese herabschwebten (später erfuhr ich, dass die Engländer und Amerikaner diese Streifen abwarfen, um die Radarerfassung der Flugzeuge zu verhindern). Nach kurzer Zeit hatten wir so viele dass wir sie kaum noch in der Hand halten konnten. Wozu sollten diese Streifen, die so ähnlich aussahen, wie die Stanniolstreifen, die wir auf den Christbaum hängten, gut sein? Wir fanden eine Lösung.

Von Mutti gab es eine Ohrfeige, weil ich zu spät zum Mittagessen kam und sie sich wieder einmal um mich geängstigt hatte. Das Schmücken der kleinen Fichten am Waldrand hatte zu viel Zeit gekostet.

Das Rittergut

Das Rittergut war eine Welt für sich. Wenn ich heute an unsere Erkundungen denke, dann schmerzt es noch immer, was da nach dem Kriege zerstört wurde. In Jahrzehnten oder gar Jahrhunderten waren Dinge gewachsen, gut und funktionell aufeinander abgestimmt.

Der abfallende Weg zum Rittergut führte linker Hand an einem schlichten Gebäude für Landarbeiterfamilien vorbei, zwischen dem Pfarrgarten und dem Auslauf für die Schweine zu dem großen eisernen Eingangstor. In dem Pfarrgarten stand die Kirche mit quadratischem Grundriss und Zentralturm. In dieser Kirche bin ich getauft und konfirmiert worden. An den Pfarrgarten grenzte auch das Pfarrhaus. Den Pfarrgarten und den Rittergutsweg trennte eine stetig ansteigende Mauer, die hinter dem Molkereigebäude immerhin eine Höhe von vier Metern erreichte. Gegenüber dem Pfarrgarten führte der Sauweg zur sogenannten ‚Backe' am unteren Dorfende. Die ‚Backe' war damals nicht mehr in Betrieb. Den eingezäunten Auslaufplatz für die Schweine schlossen die Schweineställe ab.

30 Meter vom Tor entfernt, blickte man auf die Stirnseite des Herrenhauses mit einem großen gepflasterten Platz davor, dem Gutshof. Zwischen Tor und Herrenhaus führte rechts ein leicht ansteigender Platz zum Kutschenschuppen. Das Herrenhaus war ein sehr schlichtes Gebäude. Am Ende des Herrenhauses ging der Gutshof in den Park über. Diesen Park umgab eine lange Bruchsteinmauer bis zur Rückseite des Kutschenschuppens. Am unteren Ende des Gutshofes, also im rechten Winkel zum Herrenhaus, begrenzte die Scheune für Stroh den Hof. Durch ein Tor zwischen dem rechten Ende der Scheune und der Mauer des Parks konnte man den Gutshof auf Feldwegen verlassen, die auf beiden Seiten um die sich anschließenden Teiche führten. Am linken Ende dieser Scheune stieg ein Weg zur Feldscheune

und zu einem Teil der Felder und den Koppeln an. In dem Gebäude gegenüber dem Herrenhaus waren die Pferdeställe und Lagerräume und im rechten Winkel dazu der Kuhstall und dahinter, also unmittelbar vor der Mauer des Pfarrgartens, durch einen grob-gepflasterten Weg getrennt, das Gebäude, in dem die Milch gelagert und auch verarbeitet wurde. Die Räume waren beeindruckend – runde, kuppelförmige Deckengewölbe, die von zwei Reihen runder Säulen gestützt wurden. An den Wänden große, wassergefüllte Steintröge, in denen Milchkannen standen. Aus der Wand floss ständig Wasser, obwohl wir im Dorf noch 50 Jahre von einer Wasserleitung entfernt waren. Da wir in der warmen Jahreszeit immer barfuß unterwegs waren, luden diese kalten Räume nicht zum Verweilen ein.

Der Kutschenschuppen lockte uns immer wieder. Gutsbesitzer Schmidt hatte zwei offene und zwei geschlossene Kutschen. Eine Kutsche hatte es uns besonders angetan. Außen war sie schwarz und innen mit blauem Samt ausgekleidet. An mehreren Stellen hingen goldene Kordeln. Die Tritte für den Einstieg ließen sich hochklappen. Wir haben in dieser Kutsche mehrere ‚Traumreisen' unternommen, wohl wissend, dass sie nicht für uns Barfüßer geschaffen worden war.

Zum Herumtollen und zum Klettern bot der Park eine Traumwelt mit vielen exotischen Bäumen. Auf einer uralten Eibe mit fast horizontalen, dicken Ästen konnten viele Kinder gleichzeitig schaukeln.

Ich bin glücklich, dass ich das alles sehen und erleben durfte, aber heute immer noch traurig, dass es das alles nicht mehr gibt!

Der Nachwuchs

Wenn wir uns von zu Hause verdrücken konnten, dann kamen wir irgendwo im Dorf zusammen. Treffpunkte waren in der Lehmgrube, vor dem Friedhof, an der Milchrampe am Rittergutsweg oder im Rittergutspark. Meist war es so, dass sich ein paar Jungs im mittleren Dorf trafen und auf geheimnisvolle Weise kamen ständig mehr dazu. Anfangs wurden Neuigkeiten ausgetauscht. Dabei standen die Älteren, die schon etwas erlebt hatten, in der Mitte und außen herum die Kleineren, die meist gar nicht verstanden, worum es ging. Bei den Größeren ging es fast immer um Erlebnisse mit dem anderen Geschlecht. Es war bestimmt sehr oft so, dass man von noch Älteren etwas aufgeschnappt hatte, das man als eigene Erlebnisse ausgab und damit vor den staunenden Zuhörern prahlte. Ich weiß noch, wie mich Werner fragend und mit den Schultern zuckend ansah, als einer behauptete, er habe bei einer schon mal rangefasst. Heinz, der schon im Sommer 1944 aus Schlesien nach Ziegra gekommen war, hatte beim Bauer Müller zugesehen, wie eine Kuh gedeckt werden sollte. Das Ganze muss ihn sehr beeindruckt haben, denn er beschrieb den Vorgang in allen Einzelheiten. Zunächst stand die Kuh, von einem Knecht gehalten, in der Mitte von dem recht großen Gutshof. Herr Müller brachte den Bullen an einer Stange, die mit einem Ring in der Nase desselben befestigt war. Herr Müller hatte wohl ganz schön zu tun, da der Bulle aufgeregt hin und her tänzelte. Seitlich hinter der Kuh stand Herr Scheunert. Er war nicht sonderlich groß geraten. Meine Mutter sprach von ihm nur mit seinem Kosenamen ‚Muttlich'. Da es wahrscheinlich seine Kuh war, wollte er dem Bullen behilflich sein und den Übertragungsschlauch für die kleinen Kälbchen an die vorbestimmte Stelle führen. Herr Müller gab dem Drängen des Stiers nach und ließ ihn auf die Kuh aufhocken. Muttlich war in seinem Übereifer wahrscheinlich zu ‚fisplich'. Der Übertragungsschlauch war plötzlich auf dem Rücken der

Kuh und der für die Kuh bestimmte Strahl fegte Herrn Scheunert die blaue Schirmmütze vom Kopf. Bei den letzten Worten, war das Gesicht von Heinz ekelverzerrt. Die Mütze, so meinte er, wäre ganz schön besappert gewesen.

Gelegentlich gab es auch einmal Streit. Zumeist dann, wenn keiner dem Erzähler glaubte.

Um weiterem Streit ein Ende zu bereiten, folgte dann meist das beliebte ‚Räuber und ‚Schampambel' (Räuber und Gendarm) Spiel. Ein paar Jungs waren die Gendarmen und der Rest die Räuber, die aufgespürt werden mussten. Grundstücksgrenzen gab es dabei für uns nicht, auch wenn wir Kleineren unsere Probleme mit manchem Zaun und mancher Mauer hatten. Das Spiel endete im Frühling und im Herbst meist bei ziemlicher Dunkelheit.

Bei unseren Spielen hörte ich eines Tages, es war kurz nach dem Krieg, den Namen Marianne. Den größeren Jungen war es wohl gelungen, sie mit viel List und Überredungskunst hinter einem Eiben-Busch im Park zu bewegen, ihren Rock zu heben und den Schlüpfer herunterzuziehen. Immer wieder wurde davon gesprochen, dass sie sehr viele Haare dran hätte. Wir fanden das eigenartig, denn die Mädchen in unserem Alter waren da so unbehaart, wie im Gesicht. Die größeren Jungs fingen an zu prahlen und wollten es beim nächsten Male mit ihr treiben. Dazu ist es wohl nie gekommen.

Eines Tages sah ich dann Marianne selbst. Sie war größer und deutlich älter als wir. Sie hatte dunkles, krauses Haar, war nicht schön und man merkte ihr an, dass sie einen kleinen ‚*Webfehler*' hatte. Sie trug stets ein kleines Täschchen bei sich. Über ihr Gesicht huschte immer wieder ein verlegenes Lächeln, weil sich Jungen in meinem Alter erdreisteten, sie zu einer ‚Vorführung' zu bewegen.

Ich habe sie gelegentlich noch im Park gesehen. Wahrscheinlich kam sie aus dem Nachbardorf, weil sie vielleicht hoffte, bei uns einen Freund zu finden. Mir tat sie leid, auch deshalb, weil ich Angst hatte, dass sich einer der größeren Jungs, nur so aus ‚Jux' an ihr vergreifen könnte.

In diesem Alter erwachte bei uns das Interesse an dem anderen Geschlecht. Es tauchte so mancher Begriff auf, mit dem man nichts anzufangen wusste. Wenn wir einmal mit Mädchen spielten, dann waren sie eigentlich immer bereit, die Stelle zu zeigen, für die wir uns interessierten. Vielleicht waren sie gar stolz darauf, dass es dafür Interesse gab und dass der Übergang von einem Bein zum anderen nicht einfach glatt, sondern interessant strukturiert war. Meine Mutter hatte für diesen Wissensdurst kein Verständnis. Ich erinnere mich, dass ich einmal nach Hause kam und Mutti mich im Flur mit dem Ausklopfer erwartete. Ich bekam eine mächtige Tracht Prügel. Dabei erfuhr ich, dass die Mutter von dem Mädchen aus der Nachbarschaft beobachtet hatte, dass ihre Tochter mich in ihre Geheimnisse einweiht hatte. Ich empfand mich ungerecht behandelt und mein Wissensdurst versiegte für kurze Zeit.

Im Frühling zog es uns jedes Jahr, mit einem Taschenmesser bewaffnet, in den Wald. Der Wald war eigentlich während des gesamten Jahres immer wieder unser Spielplatz. Wir schnitzten unsere Anfangsbuchstaben in Buchen, bauten Dämme an Bächen oder kletterten an Felsen im Tal der Zschopau. Im Frühling wurden schöne, glatte Ruten vom Haselnussstrauch gesucht. Daraus schnitzten wir, meistens gleich im Wald, Pfeifen und zu Hause fertigten wir aus kräftigen Stöcken Bogen zum Bogenschießen. Für die Pfeile dienten lange, gerade Austriebe der Berberitze, die oberhalb der Mauer des Pfarrgartens zum Rittergut standen. Am dicken Ende erhielten sie für die Sehne des Bogens eine Kerbe und auf das dünne Ende wurde ein etwa drei Zentimeter langes Stück eines Holunderstockes gesteckt. Holunder deshalb, weil die Zweige hohl sind und nicht erst gebohrt werden müssen. Um die Flugeigenschaften zu verbessern, wurde in die Spitze noch ein kleiner Nagel ohne Kuppe eingeschlagen. Höhepunkt war dann stets das Wettschießen auf der Wiese von Kamprads, zwischen der Schulgasse und dem Gasthof. Während wir Kleineren nur bescheidene Höhen und Weiten erreichten, schafften es die Größeren, dass der Pfeil eine Zeitlang nicht zu sehen war.

Gleich nach dem Krieg gab es in den umliegenden Wäldern jede Menge Fundmunition. Besonders erfolgreich waren wir in einem kleinen Bächlein, eigentlich nur ein spärliches Rinnsal in der Erlenschlucht zwischen Ziegra und Forchheim. Ich holte mir dort eine größere Menge Karabinerpatronen. Andere Jungs interessierten sich mehr für Gewehre und Seitengewehre.

Die Patronen waren einzeln, aber auch oft zu fünft mit einer Blechlasche verbunden. Zu diesem Zweck hatten die Patronen am Ende mit dem Zünder eine umlaufende Kerbe. Für mich war das Pulver von Interesse. Zu diesem Zwecke wurde die Patrone in der Hobelbank eingeklemmt und mit der Zange das Geschoss durch Hin- und Herbiegen herausgezogen. Das war gar nicht so einfach, denn die Hülse umfasste das Geschoss in einer umlaufenden Kerbe. Zum Glück ist nie eine Patrone explodiert. Zeitweise hatte ich ein Marmeladenglas voll Pulver. Das Pulver war kein Pulver, wie man es umgangssprachlich versteht, sondern bestand aus kleinen, dünnen, quadratischen Blättchen. Mit dem Pulver konnte man Spuren gießen und anzünden. Es verbrannte nicht sonderlich schnell.

Eindrucksvoller war die Anwendung in einem Geschütz. In einen Holzklotz wurde ein Hohlschlüssel eingeklemmt. In die Öffnung etwas Pulver geschüttet und mit einer Aluniete verschlossen. Unter den Schlüssel kam eine brennende Kerze. Und dann musste man mehrere Minuten warten, bis es heftig knallte. Optimal war ein solcher Aufbau nicht, aber ich musste mit dem auskommen, was Vati so in seiner Werkstatt gehortet hatte.

Die anderen Jungen hatten ihre Freude an einem lauten Knall. Dazu nutzten sie neben dem Pulver einen Hohlschlüssel, einen dicken Nagel und ein Stück Strick, der beide verband. Der Schlüssel wurde mit etwas Pulver gefüllt, der Nagel in den Schlüssel gesteckt und beide mit der Schnur an die Wand geschleudert. Es hat, soweit ich mich erinnere, nie ernsthafte Verletzung gegeben. Als das Pulver zur Neige ging, wurden die Kuppen von Streichhölzern genutzt. Zum Glück wurden Streichhölzer Mangelware und zudem die Qualität immer schlechter. So schlief das Interesse an diesem, nicht ungefährlichen Spaß, langsam ein.

Meine Schulzeit

Ein Bild mit einer Zuckertüte zeigt mir, dass die Einschulung in unserer Schule erfolgt ist. Ich kann mich noch an die ersten Stunden dort mit der Schiefertafel erinnern. Wir mussten schräge Striche nach links oder rechts geneigt in die Tafel kratzen. Es waren kaum zu ertragende Geräusche.

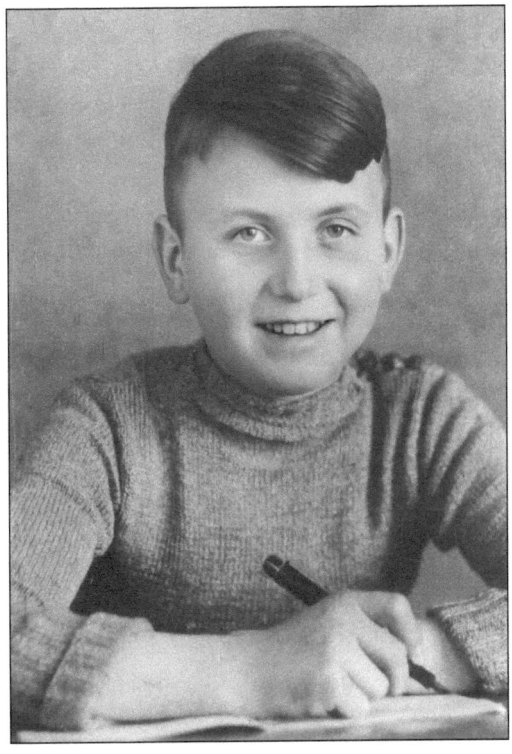

In der Schule

Bald wurde die Schule aber für Flüchtlinge benötigt und der Unterricht in den großen Raum in der Pfarre verlegt. Von Unterricht konnte eigentlich keine Rede sein. Unser Lehrer (Spiegel?) kam oft mit großer Verspätung. Nachdem er uns einmal erklärt hatte, dass er erst hätte Windeln waschen müssen, bekam der Respekt vor ihm einen ziemlichen Knick. In der Folge gaben wir ihm fast jeden Morgen Gelegenheit, uns zu suchen. Einer, der besonders schnell laufen konnte, postierte sich am unteren Ende des Kirchweges, der hinter unserem Grundstück entlangführte und an Ueltschis Gartenzaun vorbei. Sobald er unseren Lehrer kommen sah, gab er ein Zeichen und wir schwangen uns durch die Fensteröffnungen in Richtung Kirche. Sein Rufen beeindruckte uns nicht. Er kam dann meist und suchte hinter der Kirche. Wenn uns das Suchspiel dann keinen Spaß mehr machte, verschwanden wir wieder ins Pfarrhaus und saßen erwartungsvoll da, als wäre nichts geschehen.

Ab dem fünften Schuljahr hatten wir Russischunterricht bei Herrn Schulzki. Mir machte der Unterricht Spaß. Ich fand es interessant und lernte die Vokabeln eifrig. Dadurch hatte ich bei Herrn Schulzki einen guten Stand. Das änderte sich eines Tages aber schlagartig. Herr Schulzki signierte die Hausaufgaben mit einem gut-aussehenden Kürzel mit drei Buchstaben. Mir gefiel das schwungvollausgeführte Kürzel. Und wenn ich Langeweile hatte, weil sich Herr Schulzki mit Schülern befassen musste, die schlecht begriffen, dann übte ich die Signatur auf dem unteren Rand auf vielen Seiten meines Russischheftes. Nach einigen Tagen waren meine Signaturen kaum noch von denen unseres Lehrers zu unterscheiden. Ich hatte mir nichts dabei gedacht und eher erwartet, dass ich von ihm ein Lob bekäme. Aber das Gegenteil war der Fall. Er tauchte bei meinen Eltern auf. Es fielen Worte wie ‚Urkundenfälschung'. Von dem Tag an war mir klar, Man muss nicht alles können.

Einmal bekam ich auch einen Rüffel von Herrn Wörthge, vor dem ich eigentlich große Achtung hatte. Herr Wörthge las uns aus einem Buch vor. In meiner Bank war ein Platz frei und so setzte sich Herr Wörthge auf die Schreibfläche und die Füße auf die Sitzbank neben mir. Ich langweilte mich. Das Buch war uninteressant. Und so begann ich auf den staubigen Schuhen von Herrn Wörthge mit den Fingern Figuren zu zeichnen. Herr Wörthge war über meine künstlerischen Aktivitäten nicht erfreut.

Ab der sechsten Klasse hatten wir dann in Limmritz Unterricht. Im Frühling, als es wieder wärmer wurde und die Sonne öfter schien, hatte ein Schüler eine Linse, ein Brennglas, und zeigte uns in der Pause auf dem Schulhof, wie er trockenes Holz entzünden konnte. Nach kurzer Zeit hatte fast jeder ein Brennglas. Vor dem Schuppenanbau der Schule lag ein Holzstapel. Dieses Holz war im Kern bereits schwammig. Doch dieser Holzschwamm ließ sich besonders leicht entzünden. Eines Tages waren wir in unsere Brennversuche vertieft, als plötzlich die Pausenglocke läutete. Die glimmenden Holzschwämme wurden in den Holzstapel gedrückt. Die Brenngläser verschwanden in den Hosentaschen. Der Unterricht hatte kaum begonnen, da rief jemand im Hausflur: „Feuer". Der Holzstapel brannte lichterloh. Durch das schnelle Eingreifen des Hausmeisters konnte der Schuppenanbau gerettet werden. Auf uns kam kein Verdacht, aber am nächsten Tag hatte keiner ein Brennglas in der Tasche.

Um meine Schulaufgaben hat sich Mutti eigentlich nie kümmern müssen und auch nie gekümmert. Sie brachte mir Sütterlin und einige religiöse Lieder und Volkslieder bei. Was den Religionsunterricht während des letzten Schuljahres im Pfarrhaus betraf, da kannte sie keine Gnade. Hier durfte ich mir nicht erlauben, einmal zu schwänzen. Und so war ich der Einzige von den Prüflingen, der zur Prüfung vor der Konfirmation den gesamten Katechismus auswendig aufsagen konnte.

Später kamen die Abschlussprüfungen in der Schule. Meine Mutter hatte sich um eine Lehrstelle für mich bei der Firma Feiler in Döbeln bemüht. Sie dachte praktisch – jemand im Haus, der Fahrräder und Nähmaschinen reparieren kann, ist nicht von Nachteil. Auf den letzten Drücker, also kurz vor Schulbeginn, wurden meine Eltern gebeten, mich auf die Oberschule zu schicken. Dass sie mir das ermöglicht haben, dafür bin ich ihnen noch heute dankbar. Der Start in Döbeln in der Lessing-Oberschule (heute Lessing-Gymnasium) war nicht einfach. In unserer Dorfschule waren wir immer gut drauf, kamen meist gut miteinander aus, aber die Größten waren wir nicht.

Mit Mutti unterwegs

Unser Garten war das Hauptbetätigungsfeld von Mutti und gelegentlich auch mein Spielplatz. Am Eingang zur kleinen Gartenlaube, die mit der Rückseite an die zwei Schuppen im Hof anschloss, hatte ich eine Schaukel.

Mutti mit Harald und Wolfgang

Ich erinnere mich, dass mich die Fensterscheiben der Frühbeetfenster immer wieder gelockt hatten. Vielleicht erinnerten sie mich an die zugefrorenen Pfützen im Winter. Aber schon beim ersten Versuch, auch mal auf den Frühbeetfenstern zu schlittern, bin ich eingebrochen. Mutti war darüber nicht sehr erfreut. Zum Glück bestand das Fenster mit zwei Längssprossen aus vielen kleinen Scheiben.

Während der Getreideernte musste ich mit Mutti auf die abgeernteten, zum Ährenlesen freigegebenen Stoppelfelder. Das

Getreide wurde damals entweder mit der Hand, mit Schwadmähern oder mit Mähbindern gemäht. Nur die Mähbinder banden die Getreidehalme selbsttätig zu Garben. Die in Schwaden liegenden Getreidehalme nahmen Frauen mit einem sichelförmigen Bügel auf und banden sie zu Garben. Je sechs oder neun der Garben wurden dann senkrecht zum Trocknen zu Puppen zusammengestellt. Zwischen den Puppen wurde das Stoppelfeld mit einem Pferderechen abgeharkt. Die Freigabe zum Ährenlesen erfolgte nach dem Abfahren der Garben.

Mutti und ich hatten einen Klammerbeutel vor dem Bauch und sammelten die abgebrochenen Ähren als Futter für unsere Hühner. Da ich den ganzen Sommer über und bei noch erträglichen Temperaturen im Herbst, barfuß lief, musste ich mich sehr vorsichtig bewegen, indem ich die Füße nicht anhob und immer entlang der Stoppelreihen führte. Sehr unangenehm war es, wenn man eine getrocknete Distel übersehen hatte.

Im Herbst half Mutti bei der Kartoffelernte in Rudelsdorf. Da bei dieser Gelegenheit auch für uns Kartoffeln abfielen, war der Handwagen unser Begleiter. Das Kartoffelfeld lag auf einer kleinen Anhöhe in Richtung Otzdorf, etwa einen Kilometer von dem kleinen Gut meiner Großeltern entfernt. Opa hatte mit seinen zwei Ochsen am Rande des Kartoffelfeldes schon mehrere Kastenwagen aufgestellt. Die Ochsen, an den Kartoffelroder gespannt, trotteten Zeile für Zeile, vom Opa getrieben, über das Feld. Dabei musste ein Ochse in einer Zeile laufen, der andere auf der gerodeten Fläche. Der Kartoffelroder fährt mit einem Schar unter den Kartoffeldamm, hebt ihn etwas an und das Schleuderrad wirft die Erde und die Kartoffeln zur Seite. Der Roder kann die Kartoffeln immer nur nach einer Seite werfen. Aus diesem Grunde werden die Kartoffeldämme auf der einen Seite zum Ende des Feldes und auf der anderen Seite zum Anfang hin aufgefahren. Auf jeder Seite hatten mehrere Frauen je einen bestimmten Abschnitt zum Aufsammeln. Bei dieser recht schweren Arbeit – die Frauen mussten die Handkörbe auch selbst in die hohen Kastenwagen auskippen – gab es nur eine kurze Verschnaufpause, wenn die Ochsen einen Kastenwagen näher an die Zeilen ziehen mussten. Um etwas zu essen, hatte man nur Zeit, wenn ein voller Wagen nach Hause gefahren wurde. Meine Lust, Mutti beim Kartoffellesen zu unterstützen, erlahmte schon nach wenigen Körben. Ich verdrückte mich unter dem Gespött der anderen Frauen an den Waldrand am Feldende und suchte Haselnüsse.

Mit beginnender Dunkelheit endete die Arbeit auf dem Kartoffelfeld. Wir liefen mit den anderen Frauen, die nicht mit dem Fahrrad gekommen waren, zum Gut. Vor dem Eingangstor lag schon ein großer Berg Kartoffeln. Und nun ging die Arbeit hier weiter.

Die Kartoffeln mussten sortiert werden. Für diese Arbeit gab es eine Kartoffelsortiermaschine. Diese Maschine bestand aus einem Siebzylinder mit zwei unterschiedlich großen Maschenweiten. Dieser Siebzylinder wurde am hinteren Ende mit einer großen Kurbel gedreht und am vorderen Ende über ein Einfüllblech mit den Kartoffeln gefüllt. Im Inneren förderte eine Blechspirale die Kartoffeln. Unter den drei Auffangblechen standen Viertelkörbe (große Körbe mit zwei Henkeln, mit dem Volumen von etwa drei Handkörben). Der erste für die kleinen Futterkartoffeln, der zweite für die Saatkartoffeln (damals wurden die kleinen Kartoffeln, die als Saatgut ausreichend waren, als solche genutzt und nicht wie jetzt, die großen als Saatgut und die kleinen als Speisekartoffeln) und am Ende blieben die Speisekartoffeln übrig, aus denen die beschädigten Kartoffeln als Futterkartoffeln ausgelesen wurden. Auch diese Arbeit war sehr schwer. Beurteilen kann das nur der, der nach einem harten Arbeitstag auf dem Feld mit der schweren Kartoffelgabel (eine Kartoffelgabel hat sehr viele, dichtstehende Zinken, die vorn mit eierförmigen Verdickungen enden) einige Tonnen Kartoffeln über einen Meter hoch in den Sortierer geschaufelt und zwischendurch die schweren Körbe zum Lagerplatz (Feime) geschafft hat.

Wir kamen sehr spät mit unserem Sack Kartoffeln nach Hause. Die Kartoffelernte war in Rudelsdorf meist an einem Tage abgeschlossen. Oft musste Mutti dann bei Bauern im Dorf und auch bei sich zu Hause in Jeßnitz aushelfen. Im Dorf war es üblich, dass man nach einem Erntetag einen Handkorb Kartoffeln mitnehmen durfte.

Auf unserem Weg nach Rudelsdorf, kamen wir stets am Rittergut Gebersbach vorbei. Die Straße führte im Doppelknick um das Gut. Eines Tages stand an der Straße ein etwas älterer Mann auf einen Gehstock gestützt. Er grüßte Mutti und wechselte einige Worte mit ihr. Auf meine Frage, wer das war, sagte sie mir, dass das der Herr Gadegast, der Rittergutsbesitzer, gewesen wäre. Sie war ganz verblüfft, dass er sie angesprochen hatte, denn die vielen Jahre vorher hatte er stets weggesehen und auch keinen Gruß erwidert, wenn er zufällig in der Nähe der Straße war. Mutti hatte nur zum Gesinde gezählt, war aber immerhin fünf Jahre auf dem Rittergut als Küchenhilfe und später als Köchin tätig gewesen. Kurze Zeit später putzte mich Mutti fein raus und wanderte mit mir zum Rittergut. Wir gingen durch das große Eingangstor und über den großen Gutshof zum Herrenhaus am oberen Ende des Hofs. Nach ein paar Stufen, standen wir in einem etwas dunklen Raum, der mit Teppich ausgelegt war. In der Mitte, direkt gegenüber der Eingangstür, führte eine breite Treppe mit prächtigem Holzgeländer nach oben, wo ihre weiteren Stufen links- und rechtsseitig in entgegengesetzter Richtung in die nächste Etage führten. Ein Dienstmädchen hieß uns im Flur warten. Dann kam eine etwas ältere Dame, die gnädige Frau, die gleich wieder verschwand und mit einem Blechpanzer für mich zurückkam. Ihr großer Sohn spielte angeblich nicht mehr damit und so schenkte sie ihn mir. Sie nahm Mutti mit. Ich hatte zwischenzeitlich Gelegenheit, den Panzer auszuprobieren. Aufziehen ließ er sich und wenn ich ihn hochhielt, bewegten sich die Gummiketten, auf dem Teppich hatte er aber seine Probleme. Die Gummiketten drückten sich in den Flor, so dass er mit dem Bauch auf diesem schliff.

Einige Zeit später war mir der Sinneswandel der Familie Gadegast klar. Auf unserem Boden standen Reisekörbe, die nicht verschlossen waren. Zwei Körbe enthielten Silbergeschirr, Kannen, Becher, Tassen und Teller. In den anderen Körben war hauptsächlich Porzellan. Im Keller stand ein Fach des Apfelregals voller Figurengruppen aus Porzellan. Damals hörte ich erstmals den Begriff ‚Meißner Porzellan'. Mutti hatte mir und meinem Bruder eingeschärft, auf keinen Fall etwas von diesen Sachen anzurühren. Und so standen diese, bestimmt sehr kostbaren Dinge, mehrere Jahre bei uns. Eines Tages waren sie weg. Mitglieder der Familie Gadegast, die verstreut in Sachsen lebten, hatten angeblich Wege gefunden, die Dinge nach dem Westen zu verkaufen. Als Dank für das, was Mutti damit für sie getan hatte, durfte ich mir einige Bücher aus den Resten der Gutsbibliothek holen.

Das war dann schon 1952. Ich hatte gerade mein erstes Fahrrad bekommen. Mit Rucksack und einer Kunstledertasche auf dem Gepäckträger bin ich die etwa sechs bis sieben Kilometer zu dem besagten Haus, hinter Knobelsdorf geradelt. Das Haus lag ein ganzes Stück abseits des Ortes. In einem quadratischen Raum mit vielen Fenstern und schäbigen Wänden lag ein großer, flacher Berg Bücher. Fast alle Titel und Autoren waren mir unbekannt. Lediglich Goethe und Schiller sagten mir etwas. Und so habe ich den Berg durchwühlt und eine zehnbändige Goethe-Gesamtausgabe von 1890 und eine achtbändige Gesamtausgabe von Schiller herausgebuddelt. Mehr konnte ich auf dem Fahrrad nicht transportieren. Ich wollte ein paar Tage später noch einmal fahren, aber Mutti meinte, dass dies genug wäre. Manchmal habe ich gedacht, sie hätte sich ein Stück von dem Silber oder so eine Porzellanfigur nehmen sollen. Aber Mutti hat gar nichts angerührt. Ihr hat ein ‚Danke' genügt, das man ihr hoffentlich gesagt hatte. Ich möchte hier noch anfügen, dass die Familie Gadegast mindestens zwei Kinder, eine Tochter und einen Sohn, hatte. Die Tochter habe ich nie gesehen. Sie soll in Portugal leben. Den Sohn habe ich einmal in Ziegra gesehen. Seine Gesichtshaut erinnerte an einen Hefeplinsen. Mutti sagte mir, dass er die Pocken gehabt hätte.

An einige wenige Erlebnisse in Döbeln kann ich mich noch erinnern. So war ich mit Mutti einmal im Theater. Das Stück hieß „Drei Mädchen". Es wurde viel gesungen. Ich fand die

Mädchen recht hübsch, aber sie machten auf mich den Eindruck, als kämen sie aus einer anderen Welt. Die Mädchen auf unserem Dorf sahen natürlicher aus. Ich kann mich nur an den Anfang erinnern. Den größten Teil habe ich wahrscheinlich verschlafen. Ein andermal waren wir im Kino. Der Film hieß „Im Reiche des Kondors". Die riesigen Vögel haben mich sehr beeindruckt.

Im Winter 1944/45 waren wir zu einer Waffenausstellung in der Reithalle vor dem Schützenhausplatz, auf dem später immer der Jahrmarkt stattfand. Gleich am Eingang waren einige große Fliegerbomben aufgestellt. Ich erinnere mich auch an die Brandbomben, die wie längliche Blechdosen aussahen und nur etwa einen halben Meter lang waren, und an die dicken Patronen für die Flak. Wir waren mit all diesem Zeug noch nicht konfrontiert worden, wir hatten Berichte von Ausgebombten gehört, Bombenangriffe beobachtet und speziell die Erwachsenen lebten mit der Angst, eines Tages auch die leidvollen Erfahrungen machen zu müssen.

In diesem Winter mussten wir auch zum Arzt. Mutti hatte Probleme mit dem Ischias-nerv.

Ich habe die Schlittenfahrt noch in guter Erinnerung. Schon die recht lange Abfahrt ins Tal nach Forchheim war prima, aber der Höhepunkt war in Döbeln der steile Lazarettberg, an dem man bei 25 Prozent Steigung 40 Meter Höhenunterschied überwindet. Zum Glück war niemand auf der Straße. Wir bekamen ordentlichen Pfiff. Die Augen tränten. Dieser Berg ist nun schon lange für den Autoverkehr gesperrt.

Im Frühjahr, Mutti ging es wieder besser, waren wir in Döbeln einkaufen. Das Lebensmittelgeschäft des Herrn Mehnert war im Zentrum an einer Ecke, gegenüber der Fronstraße. Der Laden war einfach und übersichtlich. Eine große Verkaufstheke mit einer Waage und an der Wand dahinter viele Schubfächer. Der Herr Mehnert begrüßte uns freundlich und öffnete an der Seite der Theke eine hüfthohe Tür. Mutti rief mir noch zu, ich solle in dem Laden warten, und verschwand mit Herrn Mehnert in der Wohnungstür neben dem Regal.

Mutti war längere Zeit weg und ich habe brav gewartet. Ich hätte auch mal erkunden können, was da alles hinter der Verkaufstheke war. Es könnte aber auch sein, dass plötzlich jemand in den Laden käme oder Mutti und Herr Mehnert wieder auftauchten. Es kam aber niemand. Es könnte sein, dass wir außerhalb der Ladenöffnungszeit waren. Als ich mich nach Jahrzehnten einmal wieder an diesen Einkauf erinnerte, kam mir das Ganze seltsam vor. Ich bin aber weit davon entfernt, meiner Mutter irgendwelche Vorwürfe zu machen. Das, was alleinstehende Frauen in dieser schweren Zeit geleistet haben, verdient Anerkennung.

In der schweren Nachkriegszeit, war es von großem Vorteil, wenn man eine Nahrungsmittelquelle in der ‚Hinterhand' hatte. So sind wir 1946 nach der Ernte mit dem Handwagen nach Jeßnitz gelaufen. Mutti bekam von ihren Eltern zwei Zentner Getreide. Da man für die zwölf Kilometer fast drei Stunden benötigt, sind wir kurz nach dem Mittagessen wieder aufgebrochen. Mein fast 2-jähriger Bruder durfte wieder im Handwagen sitzen, diesmal aber auf dem oberen Sack. Ich musste als 8-Jähriger den Handwagen ziehen. Mutti schob. Der erste Teil der Strecke, durch Mockritz und dann über einen steinigen Feldweg nach oben zu den sogenannten ‚Mückenbäumchen', drei imposanten Linden an der Straße von Döbeln nach Großweitzschen, war anstrengend. Auf dem sich anschließenden sandigen Weg, der leicht abwärts führte, kam man auf die Hauptstraße von Großweitzschen nach Technitz. Diese Straße fiel dann in Technitz sehr steil ab. Ich musste mich sehr gegen die Deichsel stemmen. Mein Bruder, der auf dem Wagen sitzen durfte, jammerte ständig: „Ich fälle, ich fälle". Ich muss gestehen, dass ich mich vielleicht gefreut hätte, wenn er vom Wagen gepurzelt wäre, dann hätte ich es etwas einfacher gehabt. Auf den letzten fünf Kilometern ging es dann ständig bergauf. Der Höhenunterschied betrug fast genau 100 Meter.

Einige Tage später wurde der Sack mit Weizen aufgeladen und die Fahrt ging über Limmritz nach Wöllsdorf zur Mühle.

Die Mühle bestand aus zwei Gebäuden auf beiden Seiten der Straße, die dort unmittelbar vor dem letzten Teil der Zschopau endete (Zusammenfluss von Zschopau und Freiberger Mulde zur Mulde). Von dort führte dann nur noch ein Steg für Fußgänger auf die andere Seite der Zschopau, nach Töpeln. Mutti verschwand kurz im rechten Gebäude. Wenig später nahm uns ein Mann in dem linken Gebäude den Sack ab und der Sack wurde an einem Stahlseil nach oben gezogen. Während der etwas längeren Wartezeit habe ich mich durch die offene Tür in das Büro auf der rechten Seite geschlichen. Auf einem hohen, stark geneigten Pult lag ein großes Heft, in das die Tätigkeiten in der Mühle eingetragen wurden. Die Eintragungen waren akkurat in deutscher Schrift, also in Sütterlin, das mir Mutti beigebracht hatte. An der Rampe vor dem linken Gebäude konnten wir dann zwei Säcke entgegennehmen, einen mit dem Weizenmehl und einen mit der Kleie, die noch als Futter für die Hühner und die Ziege verwendet werden konnte. Für das Weizenmehl hatte Mutti in der kleinen Kammer zwischen Flur und Schlafzimmer eine recht große Mehlkiste. Ich erinnere mich, dass Mutti das Mehl siebte, wenn das Mehl in der Kiste zur Neige ging, weil sie keine Mehlwürmer im Kuchen haben wollte.

Mit dem Sack Roggen haben wir kurze Zeit später die Aktion wiederholt. Von dem Roggenmehl haben wir dann mehrfach etwas zum Bäcker gebracht. Dafür wurden uns Brote gutgeschrieben.

Mutti hatte ständig Aufgaben für mich. Die Zeit zum Spielen war knapp. Rückblickend bin ich aber dankbar dafür, denn selbst im hohen Alter scheue ich mich nicht vor körperlicher Tätigkeit.

Bei meinen Großeltern

Vor Ende des Krieges und während des ersten Nachkriegsjahres kamen wir nur selten von zu Hause fort. Mutti hatte mit dem Grundstück und vor allen Dingen mit dem Garten zu tun. Gelegentlich waren wir in Döbeln, in Rudelsdorf oder in Waldheim. Nach Jeßnitz, dem Geburtsort von Mutti, wo auch noch ihre Eltern, also meine Großeltern, ein kleines Bauerngut bewirtschafteten, kamen wir nur sehr selten. Die anderen Orte waren mit maximal sechs Kilometern noch gut zu Fuß erreichbar, aber für Jeßnitz brauchte man hin und zurück einen halben Tag. Es gab einen anderen Weg – zwei Kilometer zum Bahnhof nach Limmritz, mit dem Zug bis Döbeln Hauptbahnhof und von dort mit der Kleinbahn in Richtung Mügeln bis Bahnhof Mockritz/Jeßnitz. Vom Bahnhof in Jeßnitz waren es dann nur noch 500 Meter zu laufen. Ich war gern bei der Oma in Jeßnitz.

Das kleine Gut, ein Dreiseitenhof mit einem großen Holztor in Richtung Dorfstraße gegenüber dem Rittergut, hatte links das Wohnhaus mit dem Kuhstall, rechts die Scheune mit einer kleinen Dreschmaschine und dazwischen den Schweinestall mit dem Futterschuppen. Der Hof hatte auf halben Weg zum Schweinestall in der Mitte den Misthaufen. Er war von den Ställen aus einfach erreichbar. Der Weg um den Misthaufen war mit unbearbeiteten Gneisplatten gepflastert. Nur fünf Meter von dem Misthaufen entfernt, war der Wasserbrunnen mit einer großen hölzernen Pumpe mit einem eisernen Pumpschwengel. Für das Wasser, das im Haus gebraucht wurde, gab es eine elektrische Pumpe, die das Wasser in einen gemauerten Behälter im Gewölbe pumpte. Dieser Behälter fühlte sich immer feucht und kühl an. Er kühlte den Raum, in dem alle Speisen aufbewahrt wurden.

Der Hausflur war ebenfalls mit Steinplatten aus Gneis gepflastert. Direkt hinter der Haustür führte links eine Holztreppe nach oben zu den Schlafräumen, unter der Treppe eine Tür zum Wohnzimmer, geradeaus eine einfache Brettertür zur Küche und rechts eine ebenso einfache Brettertür zum Kuhstall. Der Kuhstall hatte aber auch noch ein Tor zum Hof.

Ich fand die Betten bei der Oma originell. Die Betten hatten keine Matratzen, wie ich sie von zu Hause kannte, sondern große Hanfsäcke mit Stroh. Dieses Stroh war von Getreide, das mit dem Dreschflegel gedroschen war. Die Halme waren nicht so kreuz und quer geknickt, also fast durchweg in Längsrichtung in dem Matratzensack. Die Betten waren wie große Holzkisten, die von einem dicken Federbett abgedichtet wurden. Ich habe bei der Oma immer sehr gut geschlafen.

Gelegentlich durfte ich mit Oma im vier Kilometer entfernten Kiebitz einkaufen. Zu diesem Zwecke hatten wir immer einen Handwagen mit. Auf dem Weg nach Kiebitz gab es eine kleine Sandgrube mit richtig weißem Sand.

Hinter dem Wohnhaus war der Obstgarten mit wohlschmeckendem Obst. Ich erinnere mich an einen riesigen Baum mit Butterbirnen. Meist hatte der Baum so viele Früchte, dass sie im Garten in einer strohbedeckten Feime aufbewahrt werden mussten. Diese Birnen und auch die Pflaumen ‚Italiener', wie sie Opa nannte, schmeckten sehr gut.

Oma hatte zehn Kinder geboren, dreimal Zwillinge, von denen stets nur ein Kind überlebt hat. Ein Junge war in Russland geblieben. Ihr Leben bestand jeden Tag von früh bis spät nur aus Arbeit. Und trotzdem brachte die Arbeit meiner Großeltern auf dem eigenen kleinen Gut nicht so viel ein, dass man davon hätte leben können.

Mein Opa in Jeßnitz

Mein Großvater musste mehrmals in der Woche auf dem Rittergut arbeiten. Er bearbeitete die Felder mit originellen Zugmaschinen. Für den Gutsbesitzer war er Chauffeur und fuhr dessen Maybach.

In Erinnerung geblieben ist mir die Hochzeit der Tochter Marthel im Herbst 1948. Ich war schon zwei Tage vorher mit meinem Tretroller nach Jeßnitz gefahren. Am Freitag vor der Feier bin ich dann mit Oma und Handwagen nach Kiebitz. Dort haben wir in einer Bäckerei, mitten im Ort, 13 große Blechkuchen aufgeladen und nach Jeßnitz gefahren. Diese Kuchen waren die Hauptmahlzeit am Hochzeitstag. In dem kleinen Wohnzimmer saßen etwa 15 Personen an mehreren Tischen. In dem an das Wohnzimmer angrenzenden Lagerraum schnitten zwei Frauen aus dem Ort den Kuchen und stapelten diesen hoch auf große Kuchenteller. Mich beeindruckte, wie schnell die Teller leergegessen waren und wie schnell ständig neue gefüllte Teller hereingereicht wurden. Ich schätze, dass viele von den Gästen zwischen 15 und 20 Stück Kuchen vertilgt haben. Sicher war der Kuchen nicht sonderlich gehaltvoll, aber so etwas ist heute nicht mehr vorstellbar!

Die Russen kommen

Die Erwachsenen, besonders die jüngeren Frauen, hatten Angst, berechtigte Angst. Für uns Kinder war es eher interessant, was da wohl alles kommen würde. Bisher hatten wir mitbekommen, dass Krieg war, aber von unserem Dorf war er scheinbar weit entfernt. Wir hatten Flugzeuggeschwader beobachtet, die bei klarem Himmel in großer Höhe über unser Dorf flogen. Wir hatten abends hinter der Scheune gestanden und beobachtet, wie das 70 Kilometer entfernte Leipzig bombardiert wurde. Viel konnten wir nicht sehen, sondern nur einen hell erleuchteten Himmel und rot- und grün-leuchtende Kugelhaufen, die langsam nach unten sanken. Jemand hatte sie einmal als Christbäume bezeichnet. Unser Boden war völlig leergeräumt. Gleich neben der Bodentreppe standen zwei oder drei Eimer mit Sand, Löschsand, eine Feuerpatsche und eine Stange mit einem großen Eisenhaken am oberen Ende. Zeitweise stand auch eine Wasserpumpe am Treppenaufgang. Mit dieser Pumpe konnte man aus einem Wassereimer Wasser über einen dünnen Feuerwehrschlauch pumpen.

Es lag schon etwas länger zurück, als ich eines Abends geweckt wurde, weil eine Frau aus Hamburg, die ausgebombt worden war, mit zwei oder drei Töchtern zunächst bei uns schlafen sollte. Auf der Suche nach Unterbringungsmöglichkeiten, machte meine Mutter den Vorschlag, dass ein Mädchen mit in meinem Bett schlafen könnte. Ich verfolgte den Vorschlag mit zustimmendem Interesse. Aber der Mutter der Mädchen war das angeblich zu eng und als meine Mutter vorschlug, man könne sich ja wechselseitig betten, da wandte die Mutter ein, ich könne das Mädchen mit den Füßen stoßen. Und so hatte ich das Bett wieder für mich allein.

Auf dem Weg zum Rittergut standen gelegentlich militärische Fahrzeuge. Ich erinnere mich an sogenannte Panzerspähwagen, die vorn lenkbare Räder und hinten Ketten, fast wie Panzer, hatten, begleitet von Kübelwagen. Wahrscheinlich haben sich einige Soldaten und Offiziere auf dem Rittergut noch einmal für den Endsieg gestärkt. Die Fahrzeuge waren nach wenigen Tagen wieder verschwunden. Mit Werner war ich durch den Wald, entlang der Eisenbahngleise nach Limmritz, gestromert. Auf der Fabrikstraße zwischen Güterschuppen und Bahnhof standen Panzer. Wir sind lange Zeit zwischen den beeindruckenden Kolossen herumgekrochen.

Aus nahegelegenen Industriebetrieben wurde all das verteilt, was den Russen nicht in die Hände fallen sollte. Einmal gab es im Rittergut Zucker. Mitten auf dem Gutshof lag ein Berg heller Säcke. Wir haben mit dem Handwagen etwa einen halben Zentner bräunlichen Zucker geholt. Frau Liebernickel aus unserem Haus war mit dem Fahrrad mit mehreren anderen Frauen aus dem Dorf nach Hartha gefahren. Sie kam mit drei Ballen ungefärbten Baumwollstoffs zurück. Ich erinnere mich, dass wir plötzlich Ölsardinen bekamen. Die Dosen waren rechteckig und relativ hoch. Die Ölsardinen waren quer zur Längsrichtung geschichtet. Mutti sagte mir, dass sie aus Portugal wären. Sie schmeckten jedenfalls köstlich.

Über dem Dorf lag eine unheimliche, bedrückende Stille. Keiner wusste, was kommen würde und was man tun sollte. Jeder wollte sich möglichst in Sicherheit bringen, aber dabei nicht das eigene Zuhause aufgeben. Aus telefonischen Mitteilungen, die im Dorf die Runde machten, wussten wir, dass die Russen nur noch etwa 20 Kilometer entfernt waren. Sie mussten also jeden Tag kommen.

Jeder versuchte, selbst etwas zu unternehmen. Mutti machte mir klar, dass wir abends, es war Anfang Mai, zum Gut Bachmann nach ‚Amerika' gehen. Auf den Kinderwagen, in dem mein fast fünf Monate alter Bruder lag, der am 1. April 1945 getauft worden war, schnürte meine Mutter mehrere Federbetten. Als es zu dunkeln begann, sind wir durch den Garten. Mutti hatte ein Zaunfeld geöffnet, damit wir nicht auf die Dorfstraße mussten. Auf dem Feldscheunenweg sind wir dann in Richtung Wald und nach den letzten Grundstücken nach links über einen Feldweg zur Galoppe. Entlang dieses Feldweges, der über eine kleine Anhöhe führte, waren einige Schützengräben ausgehoben worden. Für mich war klar, dass diese bei nächster Gelegenheit begutachtet werden mussten.

Bei schon ziemlicher Dunkelheit erreichten wir den Wald. Wir mussten auf einem schmalen Waldweg hinunter zu dem Bach und über den schmalen Bach auf einer ziemlich steil ansteigenden Wiese und später durch ein nicht enden wollendes Feld zu dem Bauer. Wir durften in einer Scheune schlafen. Die Wanderung dauerte fast eine Stunde. Ich war stets so müde, dass ich wahrscheinlich sofort geschlafen habe.

Morgens sind wir dann wieder zurück. Bei diesem und auch beim nächsten Male mussten wir feststellen, dass unser Haus aufgebrochen und die Schränke durchwühlt worden waren. Es bestand die Vermutung, so wurde gemunkelt, dass es die Kommunisten im Dorfe gewesen wären. Es konnten aber auch die polnischen oder russischen Kriegsgefangenen gewesen sein, die noch im Dorf waren.

Gleich am nächsten Tag, nachdem ich die Schützengräben entdeckt hatte, war ich mit Werner zur Besichtigung dort. Die kurzen Gräben hatten seitlich zwei Stufen und waren so tief, dass wir gerade nicht heraussehen konnten. In Richtung Wald bildete die ausgehobene, lehmige Erde einen flachen Wall. Uns Knirpsen war klar, dass diese Schützengräben wenig Sinn hätten. Wer die hier gegraben hatte, dem lag wohl nichts am Sieg. Warum sollten die Russen aus dem Zschopautal kommen? Wahrscheinlicher erschien uns, dass sie auf irgendeiner Straße kamen.

Zwei Tage später, es war der 6. Mai, hatte jemand im Dorf per Telefon mitgeteilt bekommen, dass die Russen vorrückten. Man solle sie freundlich bewirten und jüngere Frauen, die ein Kleinkind hatten, sollten es ständig auf dem Arm mit sich herumtragen.

Nachmittags gab es noch einen kleinen Zwischenfall. Auf der Dorfstraße fuhr ein VW-Kübelwagen mit zwei Soldaten langsam in Richtung Oberdorf. Wir wurden auf ihn wieder aufmerksam, als Schüsse fielen und wir vom Schlafstubenfenster aus sehen konnten, dass der Wagen gewendet hatte und oben am Dorfberg hielt. Der getötete Soldat wurde, nur wenige Meter entfernt, auf dem Friedhof begraben. Sein Familienname war Brix und er wurde nur 21 Jahre alt. Wer ihn erschoss, ist mir nicht bekannt geworden. Es könnte eine Vorhut der Russen, aber auch Kriegsgefangene gewesen sein.

Zwei Schwestern meiner Mutter, die noch im Geburtsort meiner Mutter gewohnt hatten, waren zu uns geflüchtet. Mit einbrechender Dunkelheit musste ich mit den beiden ins Schlafzimmer. Und dann begann ein nicht enden wollendes Getrappel auf der Straße. Vorsichtig lugten wir durch einen Spalt der heruntergelassenen Rollos. Das war nicht leicht, denn die schwarzen Rollos waren gegen nach außen dringendes Licht mit kleinen klappbaren Bügeln, die die Rollos an die Fensterrahmen drückten, gesichert. Auf der Straße folgte Panjewagen auf Panjewagen. Darauf hockten russische Soldaten. Solche Pferdegespanne hatte ich vorher noch nicht gesehen. An jedem Wagen war wenigstens ein Pferd. Dieses Pferd trabte zwischen zwei Deichseln. Und diese zwei Deichseln waren vorn über dem Nacken des Pferdes mit einem hölzernen Bogen verbunden. An manchen Wagen waren links oder rechts noch ein Pferd oder zwei Pferde. Das Pferdegetrappel dauerte viele Stunden. Mutti kam immer mal wieder und forderte uns auf, uns still zu verhalten.

Die ersten Russen waren in die Wohnung der Frau Liebernickel über uns gestürmt. Mutti hatte große Angst ausgestanden, denn sie waren nicht nur bewaffnete und stinkende Soldaten, sondern hatten auch ein völlig anderes Aussehen. Es waren wahrscheinlich hauptsächlich Mongolide aus dem asiatischen Raum. Mutti hat mir nur gesagt, dass sich die Russen die erste Zeit schlimm aufgeführt hätten, dann wäre aber zum Glück ein russischer Offizier dazugekommen und dann wäre es gegangen. Als sie aus dem Haus sind, haben sie noch den Keller nach Trinkbarem durchwühlt. Mutti hätte bald noch Probleme bekommen, weil sie einem Russen die Spiritusflasche wegnehmen wollte. Am nächsten Tag stellte sich heraus, dass sie die Sachen unserer Flüchtlingsfrau, Frau Urban aus Görlitz, im Keller durchwühlt und auf die verstreut liegenden persönlichen Dinge geschissen hatten. Diese Flüchtlingsfrau soll angeblich, wie ich erst viel später erfahren habe, die einzige Frau gewesen sein, die an diesem Abend vergewaltigt worden ist.

Erst einige Zeit später haben wir erfahren, dass die Amerikaner bis Meinsberg, oberhalb von Waldheim, also nur drei Kilometer von uns entfernt, vorgerückt waren.

Die Russen sind da

Zwei Tage nach dem Einmarsch der Russen, wir saßen gerade am Mittagstisch in der Küche, war ein unheimliches Geräusch vernehmbar. Ehe wir uns klar waren, was das sein könnte, tauchte auch schon ein Panzer in der Kurve beim Bäcker auf. Er schwenkte ziemlich hart nach rechts und wegen des hohen Tempos am Abzweig zum Rittergut, also nur wenige Meter vor unserem Haus, ebenso abrupt nach links und preschte die Dorfstraße hoch. Wegen der enormen Breite fuhren er und die in kurzem Abstand folgenden Panzer mit der rechten Kette auf dem Fußweg vor unserer Gartenmauer, die nur zwei Meter vom Haus entfernt war. Zunächst war ich fasziniert, aber dann machte sich auch Angst breit. Was war, wenn diese Kolosse bei dem hohen Tempo, das sie fuhren, die Kurve einmal nicht bekamen? Das Haus bebte. Im Schrank klirrten die Teller und die Tassen. Zwischen den Panzern konnten wir sehen, dass die Straße in diesen beiden Kurven regelrecht umgepflügt worden war. Das schöne Stück Asphaltstraße in der Kurve, in der der Rittergutsweg abzweigte, war völlig zermalmt. Der Spuk dauerte nur etwa eine Viertelstunde. Nach meiner Schätzung waren es etwa 100 Panzer. Die Panzer wurden von Russen gefahren, aber es müssen amerikanische Panzer gewesen sein. Solch große Panzer habe ich bis zum Abzug der Russen aus Deutschland nicht wieder gesehen.

Tags darauf war ich im Garten. Es war ein schöner Maimorgen mit wunderbar blauem Himmel. Einige Tulpen blühten, aber die meisten hatten noch dicke Knospen. Die Lilien waren schon ziemlich hoch. Mutti hatte mich zu den Frühbeeten vor dem Waschhausfenster geschickt. Ich sollte lüften, indem ich die Fenster anhob und kleine Holzklötzer darunter stellte. Doch ehe ich dazu kam, hörte ich das Klappern von Holzlatschen. Der kleine, etwas dickliche, Herr Rabe kam wie vom Teufel verfolgt, aus dem Haus, rannte aus dem kleinen Grundstück und weiter nach links über die Wiese in Richtung Feldscheune. Die Wiese fiel zu dem sich anschließenden Kirchengelände hin ab. Deshalb verschwand er recht schnell. Aber kurz nachdem er verschwunden war, vernahm ich einige furchterregende Schreie. Noch am gleichen Tage sagte mir Mutti, dass Herr Rabe von russischen Kriegsgefangenen, die ihn erwischt hatten, als er über den Zaun wollte, mit Zaunlatten erschlagen worden war. Herr Rabe war im Rittergut für die Kriegsgefangenen verantwortlich.

Unmittelbar nach dem 8. Mai patrouillierten sowjetische Soldaten im Dorf. Sie fuhren fast immer mit Fahrrädern ohne Luft in der Bereifung. Wir Kinder haben uns darüber köstlich amüsiert. Für uns war klar – die haben vorher nie ein Fahrrad gesehen, geschweige denn, ein solches benutzt. Unsere Dorfstraße war in keinem besonders guten Zustand. Für viele Dorfbewohner war das Fahrrad eigentlich das einzig nutzbare Verkehrsmittel. Was aber tun, wenn man das von den Besatzern benutzte Fahrrad irgendwo im Dorf fand? Die Bereifung war mit Sicherheit hinüber und neue gab es nicht.

Also musste improvisiert werden.

Aus alten Fahrrad-, Motorrad- und Autoreifen wurden Scheiben mit etwa vier bis fünf Zentimetern Durchmesser ausgestanzt, in der Mitte gelocht und auf einen Stahldraht aufgefädelt. Diese etwa zwei Meter lange Wurst wurde um die Felge gelegt und die Enden des Stahldrahtes verdrillt. Später gab es dann einen sehr dickwandigen Gummischlauch, der ebenfalls mit einem Stahldraht auf der Felge befestigt wurde.

Sofort nach dem Kriegsende begannen die Besatzer, sich ihren Teil zu holen. Es war ein gewohntes Bild, dass die Muschiks mehrere Armbanduhren am Arm hatten. Die Radios mussten abgegeben werden. Auf dem Hof des Gasthofs waren sie gestapelt. Der Haufen war dort mehrere Tage, Wind und Wetter ausgesetzt. Die Demontage der Gleise und der Betriebe begann. Zu dem täglichen Kampf um die Nahrung kamen die Gerüchte über die Zerstörung der Betriebe. In Döbeln und Umgebung hatte es sehr viel Industrie gegeben. Wo sollte man künftig etwas verdienen, wenn auch noch das vernichtet wurde, was der Krieg übrig gelassen hatte?

Es war gegen Ende Juni, ich war gerade auf den großen Kirschbaum vor den Frühbeeten geklettert, um Kirschen zu naschen, und Mutti arbeitete im Garten. Da standen plötzlich zwei russische Soldaten im Garten. Ich machte Mutti darauf aufmerksam. Sie war etwas erschrocken. Ich gab den Russen zu verstehen, dass ich ihnen Kirschen pflücken werde. Mutti zischte, ich solle das lassen. Während der Zeit, in der ich die Kirschen pflückte, die ich erreichen konnte, standen sie etwas verlegen in der Nähe des Kirschbaums. Ich gab ihnen die Kirschen. Sie kippten sie in ihre Mützen und verschwanden. Im Nachhinein bin ich mir nicht ganz klar darüber, ob sie auf Kirschen aus waren.

Anfang August wurden wir benachrichtigt, dass mein Großvater, der Schwiegervater meiner Mutter, in Rudelsdorf von den Russen erschossen worden war. Wir sind sofort zu dritt, mein Bruder im Kinderwagen, nach Rudelsdorf gelaufen. Ich durfte Opa auch einmal kurz sehen. Er lag im Wohnzimmer auf einer Bank. Das blau-weiße Hemd war sehr blutig.

Mein Großvater hatte etwas in Gebersbach erledigt und war mit dem Fahrrad auf dem Nachhauseweg. Die Straße verlief vom Ortseingang Rudelsdorf nach links in einem großen Bogen über einen Bach bis zum Gasthof. In diesem Bogen waren eingezäunte Weiden. Rechts von diesen Weiden führte ein kurzer Feldweg direkt zum Gasthof. Diesen Weg nutzten die Dorfbewohner, so auch mein Großvater. Die Russen hatten an diesem Tag in der Mitte des Straßenbogens eine Straßensperre errichtet. Als sie meinen Großvater in etwa 100 Meter Entfernung auf dem Feldweg sahen, riefen sie mehrfach: „Stoi". Und als mein Großvater nicht reagierte, schossen sie ihn vom Rad. Er verblutete. Dörfler, die in der Nähe waren, hatten den Vorfall beobachtet.

Ich habe meinen Großvater als gutmütigen, immer freundlichen Opa, in Erinnerung. Er hatte es im Leben nicht leicht. Er war als uneheliches Kind geboren worden. Seine Mutter heiratete einen Häusler in Neudorf, oberhalb von Döbeln. Sein Stiefvater behandelte ihn stets stiefväterlich. Nach dem Schulabschluss hat er das Tischlerhandwerk erlernt und danach in einer Tischlerei in Richzenhain, oberhalb von Waldheim, gearbeitet. Dafür ist er viele Jahre täglich die Strecke über Forchheim, Ziegra, Meinsberg, Waldheim (jeweils 60 m Höhenunterschied von Meinsberg nach Waldheim und hoch nach Richzenhain) nach Richzenhain hin und zurück gelaufen. Das waren am Tag 20 km Fußmarsch und dazwischen ein 12-stündiger Arbeitstag! Und dies bei Wind und Wetter, 6x in der Woche. Er hat fleißig gespart und sich später das kleine Gut in Rudelsdorf gekauft.

Im Gegensatz zu den Frauen, hatten wir Kinder zu den Russen ein recht ungezwungenes Verhältnis. Im Herbst 1945, wir schaukelten im Park auf den weit ausladenden Ästen einer Eibe, fielen mehrere Schüsse. Neugierig, wie ich war, lief ich in die Richtung, aus der die Schüsse kamen. Zwischen dem oberen und unteren Rittergutsteich lief ein Russe. Gelegentlich blieb er stehen, senkte den Lauf nach unten und schoss. Um die Einschussstelle schäumte jedes Mal das Wasser. Ich nahm an, dass er auf diese Art Fische erlegen wollte. Ich ging zu ihm und machte ihm klar, dass das Wasser in der Nähe des Ablaufs besonders tief sei und dass dort vielleicht Fische zu finden seien. Er schoss noch zweimal, gab auf und verschwand. Ich bin noch mehrfach auf dem Damm zwischen den Teichen hin- und hergegangen, habe aber keinen toten Fisch gefunden.

Mein Vater

Mein Vater war zwar noch zu Hause, als ich geboren wurde, aber schon knapp zwei Jahre später wurde er eingezogen. In meinem Geburtsjahr hatte er noch die etwa eineinhalb Meter hohe Einfassungsmauer für unseren Garten aus Beton gegossen und den Zaun aus gehobelten und grün-lackierten Latten errichtet. Unser Garten lag etwa einen halben Meter über der Straße. Im Bereich längs unseres Grundstückes war bis 1904 ein kleiner Bach, der während der Bauarbeiten einfach zugeschüttet worden war. Die Folge: Der Grundwasserspiegel lag immer knapp unter, aber gelegentlich auch leicht über dem Fußboden des Kellers. Von meinem Vater erfuhr ich später, dass zu dieser Zeit (1938) der Zement schon knapp und recht teuer gewesen war.

Mein Vater bekam Anfang 1940 den Gestellungsbefehl. Nach einer kurzen Ausbildung in Deutschland kam er nach Assen in Holland. Da er damals fast 32 Jahre alt war, hatte er gehofft, nicht einberufen zu werden.

In der ‚Guten Stube' hing ein Bild mit einem Mann in Matrosenuniform, von dem Mutti behauptete, das sei mein Vater. Mein Vater musste angeblich in Holland eine Ausbildung zum Matrosen mitmachen. Schwimmen hatte er dabei aber nicht gelernt. Er war sicher hin und wieder auf Urlaub, aber daran kann ich mich nicht mehr erinnern, ausgenommen an das letzte Mal.

Bild in der Stube

Er musste an einem Tag im März 1944 spätabends angekommen sein, denn morgens, als ich mich in meinem Kinderbett aufrichtete, lag ein Mann in dem Bett neben dem der Mutti. Die Zeit Anfang März konnte ich später ermitteln. Anfang Dezember 1944 wurde mein Bruder geboren. Dieser letzte Urlaub musste also die Planungsphase für ihn gewesen sein. Ich war damals fünf Jahre alt.

Mein Vater machte mir klar, dass er es wäre. Da er mir freundlich zuredete, gewann ich Vertrauen und kletterte in sein Bett. Ich durfte mich rittlings auf seinen Bauch setzen. Er kannte auch ein Lied und so versuchten wir beide „Lilli Marlen" zu singen. Später entdeckte ich seine Waffe, einen Karabiner, den er unter das Sofa in der Küche geschoben hatte und der fast doppelt so lang war, wie ich. Ich lag dann auf dem Fußboden und machte mit dem Ding Scheinangriffe, die bald langweilten. Wenn man an dem Abzug zog, passierte nichts, und auch nichts, wenn man den Hebel mit der Kugel am Ende bewegte. Später entdeckte ich, dass im Flur, auf der Hutablage ein Lederkoppel, mit so kleinen Ledertaschen daran, lag. Meine Vermutung war – darin war die Munition. Ich kam aber selbst mit einem Küchenstuhl nicht daran. Ein Kind in meinem Alter konnte sich zwar kaum die Nase putzen, wusste aber schon viel über Waffen und Munition!

Die kurze Zeit, die mein Vater da war, wurde zu Besuchen in Rudelsdorf, bei seinen Eltern und in Jeßnitz bei seinen Schwiegereltern genutzt. Ich erinnere mich, dass Vati bei der Rückfahrt von Jeßnitz mit der Bimmelbahn in einer Kurve vom Perron abstieg und ein Stück nebenher trabte. Als sein Urlaub zu Ende war, haben wir ihn zum Zug nach Limmritz begleitet. Ich sehe ihn noch aus dem Fenster des abfahrenden Zuges winken. Er fuhr in eine sehr ungewisse Zukunft. Es wurde immer wieder getuschelt, dass der Krieg verloren sei.

Mein Vater ist dann im Spätsommer 1944 in französische Gefangenschaft geraten. Er hatte wohl versucht, der Gefangenschaft zu entgehen und sich in einem Keller hinter einem Kartoffelhaufen versteckt. Zu seinem Unglück richteten französische Soldaten in diesem Keller eine Telegrafenstation ein. Er wurde entdeckt und als angeblicher Spion an die Wand gestellt. Wäre nicht ein Offizier dazugekommen, dann hätte ich meinen Vater nicht wiedergesehen. Von der Zeit der Gefangenschaft sprach er nicht gern. Er musste in Marseille Schiffe entladen. Es gab täglich Prügel, miserable Unterkünfte und sehr schlechtes Essen. Doch dann hatte er Glück. Angeblich konnten die Franzosen die große Zahl von deutschen Kriegsgefangenen nicht versorgen und unterbringen und so wurden sie auf die Amerikaner und Engländer aufgeteilt. Vati kam zu den Amerikanern.

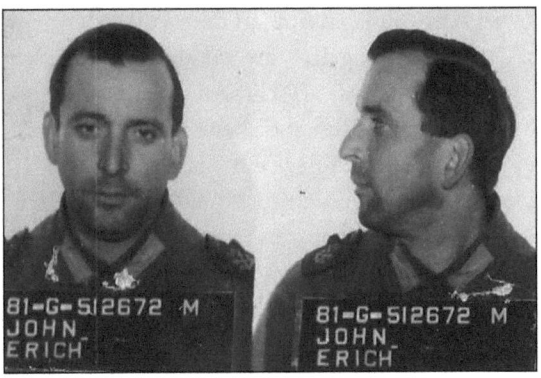

Registrierung als ‚Prisoner of War'

Und die sortierten gleich erst einmal. Von besonderem Interesse waren Handwerksberufe. Und so fand sich Vati im Kreis von weiteren sechs Tischlern in einer gut eingerichteten Tischlerbaracke wieder. Ab sofort gab es die Verpflegung, die auch die amerikanischen Soldaten bekamen.

Mein Vater, an die deutsche Küche gewöhnt, war zuerst über die amerikanischen Essensgewohnheiten etwas verwundert. Das Essen kam auf einer Kunststoffplatte mit vielen kleinen Fächern. Neben Fleisch, Gemüse und Beilagen waren auch stets Kekse, Schokolade, Kaugummi und Zigaretten dabei. Meinem Vater muss es aber gut bekommen sein, denn er sah nie wieder so gut genährt aus, wie zu seiner Entlassung Ende 1946.

Die Tischlertruppe fertigte sowohl Holzspielzeug, als auch Schmuckelemente (kleine Truhen, Dosen, Teller, usw.) aus französischen Mahagoniholzbeständen. Das Mahagoniholz gab es von ganz hellen bis zu dunkelbraunen Tönen. Viele amerikanische Offiziere hatten Sonderwünsche für die Heimat und so sprang in dieser Zeit manche Sonderverpflegung oder Sondervergütung heraus.

In der Werkstatt. Mein Vater 2. von links

Bei seinem letzten Besuch hatte er wahrscheinlich einen großen Holzbaukasten aus Frankreich mitgebracht, denn zu Weihnachten stand in der ‚Guten Stube' dieser prächtige Baukasten. Mutti meinte aber dazu, dass der Baukasten stehen bleiben solle, bis Vati nach Hause komme und er mir den Zusammenbau der Häuser erklären könne. Am Heiligabend musste ich dann bald ins Bett, denn zu feiern gab es in unserem kleinen Kreise nichts. Aber der Baukasten hatte mich noch lange beschäftigt. Früh war ich dann gleich munter, als Mutti aufstand. Ich wartete im Bett, bis die Flurtür klapperte, denn zunächst mussten die Hühner und die Ziege gefüttert werden. Und das war meine Chance. In Windeseile, im Nachthemd und im kalten Wohnzimmer hatte ich es geschafft, zwei Häuser aufzubauen, bis Mutti zurückkam. Sie verlor kein böses Wort. Wahrscheinlich hatte ich sie überzeugt. Mit dem Baukasten konnte man ein Bergdorf mit Blockhäusern, einer Kirche und Heuschobern aufbauen. Einige Wohnhäuser hatten sogar Balkone. Ich habe bis heute nirgendwo einen solch schönen und anspruchsvollen Baukasten gesehen.

Mein Vater kam relativ spät aus amerikanischer Gefangenschaft. Er wollte nirgendwo anders hin, sondern nur nach Hause. Und dieses ‚Zu Hause' war in der sowjetischen Besatzungszone. Mutti hatte wahrscheinlich einen Brief bekommen, jedenfalls sagte sie mir eines Tages, dass Vati bei den Russen für drei Wochen in Quarantäne sei und dass wir ihn am 22. September 1946 in Leipzig abholen. In Leipzig habe ich zum ersten Male erlebt, was Bomben anrichten konnten. Den Bahnhof, einstmals Europas größter Kopfbahnhof, gab es eigentlich nicht mehr. Schon im Eingangsbereich überall Bretterverschläge. Irgendwo zwischen dem Geröll gingen Treppen nach oben und dann stand man in einem Irrgarten aus riesigen Betonbrocken und bizarr verbogenen Stahlgerippen. Schienen waren nirgendwo zu sehen. Scheinbar hatte sich Mutti erkundigt, wo wir hinmussten. Weit außerhalb des ehemaligen Bahnhofsgebäudes standen wir dann zwischen den Gleisen und warteten auf einen Zug, der sich langsam näherte und vor uns zum Halten kam. Dem Zug entstiegen viele Menschen, die in die Richtung gingen und stolperten, aus der wir gekommen waren. Fast zuletzt kam mein Vater mit einem Holzkoffer.

Die für uns Kinder interessante Vor- und Nachkriegszeit war vorüber. Es gab kein Radio, kein Fernsehen und der tägliche Kampf der Erwachsenen interessierte uns kaum, uns genügte, wenn zu den Mahlzeiten etwas auf dem Tisch stand. Und so konnte ich es kaum erwarten, bis Vati seine geheimnisvolle Truhe öffnete.

In dem Koffer hatte mein Vater eine gedrechselte, kugelförmige Dose, ein größeres Kästchen und einen Obstteller. Alle Teile waren aus Schichten von verschiedenem Mahagoniholz. Interessant wurde es aber erst, als mein Vater den Holzkoffer auseinandernahm. Als der Koffer ausgeräumt war, hätte man nicht vermutet, dass er trotzdem noch nicht leer war. Der Boden und die Innenseite des Deckels waren mit braunem Papier ausgeklebt. Mit einem Messer schnitt mein Vater an den Innenkanten entlang und löste genau eingepasste rotbraune Gummiplatten, die auf einer Seite glatt und auf der anderen Seite etwas strukturiert waren. Mit diesem Gummi konnten wir noch viele Jahre beim Schuster Schuhe besohlen lassen. Unter den Gummiplatten waren Zigaretten, die unwahrscheinlich gut dufteten, Rasierklingen und Zigarettenpapier.

Kurze Zeit später bin ich mit ihm nach Döbeln zu seinem ehemaligen Chef gelaufen. Mein Vater konnte sofort wieder in seiner alten Glaserei beginnen. Für mich brachte die Wanderung ein schönes Geschenk. Ich bekam von Frau Wiedemann, der Frau des Chefs, einen Trittroller. Darauf war ich sehr stolz, denn so etwas hatte bei uns im Dorf niemand.

Ein Tritt- oder auch Tretroller besitzt auf der Fläche, auf die man sich stellt, eine relativ lange Wippe. Mit dieser Wippe wird über eine Zahnstange, die in ein Zahnrad am Hinterrad eingreift, das Hinterrad angetrieben. Das Zahnrad besitzt, ähnlich dem Ritzel beim Fahrrad, einen Freilauf. Mit diesem Roller bin ich dann mehrfach bis nach Jeßnitz gefahren und bis nach Jeßnitz waren es immerhin zwölf Kilometer.

Kurz vor Weihnachten musste noch ein Christbaum her. Da es 1946 keinen Christbaum zu kaufen gab, mussten wir in den Wald. Da es niemand sehen sollte, gingen wir erst, als es schon zu dunkeln begann. Wir liefen entlang dem Feldscheunenweg über die Koppeln des Rittergutes zu dem Jungfichtenbestand. Auf den Wiesen lag schon eine dünne Schneedecke. Während der recht langen Wanderung hätte ich mir gewünscht, dass mir mein Vater etwas über seine Erlebnisse im Krieg erzählte. Aber stattdessen stapften wir stumm nebeneinanderher. Mein Vater wusste damals wahrscheinlich nichts mit mir anzufangen und für mich war er auch noch relativ fremd.

Als wir uns dem Wald näherten, war es schon ziemlich dunkel und der Wald ein schwarzer Streifen. Ich konnte meinen Vater zu der Stelle mit kleinen Fichten führen, weil wir zweieinhalb Jahre vorher, einige dieser Fichten mit Stanniolstreifen, einem Geschenk der Tommys, geschmückt hatten. Mein Vater kroch mit einem Fuchsschwanz unter seiner Joppe in den Jungfichtenbestand. Ich folgte ihm und bekam mit, dass er verschiedene Fichten abtastete, denn sehen konnte man nichts mehr. Dann meinte er: „Fühl mal, der könnte gehen". Was ich mit meinen kurzen Ärmchen in Erfahrung bringen konnte – die Fichten stachelten unangenehm. Da mir der dunkle Wald langsam unheimlich wurde, gab ich meinem Vater recht. Mein Vater kniete sich hin, suchte nach der Stelle, wo das Bäumchen angewachsen war, und entfernte ihn mit seinem Fuchsschwanz.

Wir schleppten ihn auf die Wiese. Ich durfte am Fuß tragen und mein Vater griff zwischen die Äste am oberen Ende. Auf dem Rückweg sind wir niemandem begegnet. Das Bäumchen kam erst einmal in den Schuppen, so nannten wir die kleine Werkstatt meines Vaters. Unüberhörbar war das Fluchen meines Vaters kurze Zeit später. Fluchen war etwas, das er besonders gut konnte. Den Grund dafür, erfuhr ich später.

Der Heiligabend kam. Ich durfte nach dem Läuten eines Glöckchens in die ‚Gute Stube'. Der erste Blick galt dem Christbaum mit richtigen Kerzen. Auf dem Christbaum hingen Ringe aus Fondant und feines Gebäck mit Zuckerglasur. Ich wurde gleich belehrt, dass Gebäck und Süßigkeiten aufgeteilt würden, wenn der Christbaum abgeräumt würde. Bei dem Betrachten der vielen schönen Dinge stellte ich fest, dass der Christbaum sehr gut und gleichmäßig gewachsen war. Leider war ihm nur ein kurzes Leben beschieden. Schon am zweiten Feiertag fing er an zu nadeln, und zwar so stark, dass wir seine Entschmückung beschlossen. Was war der Grund? Mein Vater hatte bei Licht festgestellt, was für einen Krüppel wir gebracht hatten. In mühevoller Kleinarbeit wandelte mein Vater ihn zu einem schönen Baum. Zweige wurden abgesägt, angespitzt und in Löcher an anderer Stelle eingesetzt.

Anfang März 1947 war ich mit Vati zu einer Inspektion im Wald. Vati wollte erkunden, ob irgendwo nutzbares Holz zum Feuern herumläge. Wir sind durch relativ hohen Schnee zur Zschopau abgestiegen. Und dort hatte ich ein beeindruckendes Erlebnis. Einige Tage vorher musste es getaut und die Zschopau Hochwasser geführt haben. Auf dem Weg längs der Zschopau und auf der Wiese hinter dem Viadukt lagen Eisschollen von beeindruckender Dicke. Ich schätze, dass sie mindestens einen dreiviertel Meter dick waren. Auf eine dieser Eisschollen, die wie eine Plattform ein Stück über die Zschopau ragte, bin ich mit Vati geklettert. Die Schollen hatten in diesem Jahr den etwa 100 Meter langen Holzsteg, der von Kleinlimmritz nach Steina führte, entfernt. Die Reste dieser Eisschollen lagen bis Ende Mai 1947 auf den Zschopauwiesen. Die Dicke der Eisschollen wurde von Jahr zu Jahr geringer. Mit Schadenfreude hatten wir immer wieder festgestellt, dass der Steg nach Steina fehlte. 1949 hatte man den oberen Teil des Steges an einem langen, dicken Stahlseil befestigt um wenigstens einen Teil des Steges zu retten. Einige Jahre später bekam der Steg dann dicke Betonsäulen. Bis 1953 fror der Teil der Zschopau vor dem Wehr noch so weit zu, dass man das Eis zum Schlittschuhlaufen betreten konnte. In den folgenden Jahren bildete sich nur noch gelegentlich eine dünne Eisdecke.

Da der Wald wie ausgekehrt war, mussten für die Feuerholzbeschaffung andere Wege gefunden werden. Meinen Eltern kam der Umstand entgegen, dass einige der Neubauern zu wenig Bargeld hatten. Ich erinnere mich, dass in gewissen Abständen einer kam, ans Küchenfenster klopfte und um zwei Mark bettelte, die er dann sofort beim Bäcker für Zigaretten ausgab. Da eine Rückzahlung nicht möglich war, konnten wir erreichen, dass wir den einen oder anderen Baumstumpf roden durften. Und so musste ich mit meinem Vater mit dem Handwagen, verschiedenen Sägen, Keilen, Äxten und einem schweren Hammer in den Wald. Wer schon einmal Baumstümpfe im ebenen Gelände gerodet hat, der weiß, wie mühsam und schwer das ist. Noch mühsamer ist es, einen Baumstumpf an einem mehr oder weniger steilen Hang zu roden. Und nur solche konnten wir erwerben. Der Handwagen blieb oberhalb am Waldrand oder auf einem befahrbaren Waldweg. Die schweren Werkzeuge schleppten wir hangabwärts. Und dann begann die Arbeit, die für mich unmenschliche Züge hatte. Hier habe ich meinen Vater erlebt, wie er bei Frost, vor Schweiß triefend, teilweise wutentbrannt, oft leichtsinnig und doch ohnmächtig, Stücke von den Stubben zu entfernen versuchte. Fast überall hatten sich die Wurzeln zwischen Steinen verankert. Sie ließen sich nicht freilegen und nur stückweise mit der Säge oder Axt durchtrennen. Mein Vater versuchte daher meist viel zu früh, den Stubben mit Metall- und Holzkeilen auseinanderzutreiben. Wenn der Stubben aber durch zu starke Wurzeln zusammengehalten wurde, dann konnte es schon passieren, dass die Keile wieder nach oben herausgeschleudert wurden. Ich musste mit der Säge, dem Beil oder der Axt mithelfen. Es ist ein Wunder, dass keiner von uns beiden ernsthaft verletzt worden war. Ich war stets froh, wenn ich mich einmal entfernen durfte. Meine Aufgabe war es immer, die Holzstücke hangaufwärts zum Handwagen zu schleppen. Dabei waren Stücke, die bestimmt zwischen einem halben und einem Zentner gewogen haben. Nur die kleineren bekam ich selbst auf die Schulter. Ich hatte oft Prellungen und Hautabschürfungen auf der Schulter. Die Holzernte eines ganzen Tages hatte eigentlich immer auf dem Handwagen Platz.

Im Spätsommer 1947 hatte mein Vater eine Riesenüberraschung für mich. Er hatte im Rucksack ein Radio, das er mit dem Fahrrad in Waldheim geholt hatte. Nach dem Kriegsende hatte es einige Schlitzohren gegeben, die sich die Radios, die die Russen nicht wegzuschaffen in der Lage waren, angeeignet, ausgeschlachtet und mit den alten Teilen ‚neue Radios' aufgebaut. Mir war unklar, woher meine Eltern die riesige Summe von 700 Reichsmark hatten, denn soviel sollte das Ding mit drei Röhren gekostet haben.

Quer über den Hof wurde ein Draht gezogen und von diesem Draht ein weiterer durch das Küchenfenster zu einem Loch hinten im Radio. Mein Vater nannte diesen Draht Antenne.

Das Radio hatte einen Einschalter, mit dem man wohl auch die Lautstärke einstellen konnte, und einen zweiten Drehknopf, mit dem ein metallisch glänzender Knopf, durch den ein langer Stift gesteckt war, gedreht werden konnte. Auf der Fläche, die der Stift überstrich, standen Namen, wie Beromünster, Paris, Osnabrück, usw.

Als Vati, der die Schaltberechtigung hatte und wohl entsprechend eingewiesen war, den Einschalter betätigte, ging Licht in der Stiftkammer an. Vorsichtig begann Vati den Stift zu bewegen. Hinter dem stoffbezogenen Teil des Radios rauschte und pfiff es abwechselnd. Es dauerte lange, bis man in dem Rauschen Stimmen ausmachen konnte. Die Antenne erfuhr noch einige Verbesserungen, sodass wir bei gutem Wetter bestimmt zwei Sender empfangen konnten.

Der Autor

Wolfgang John, geb. 1938 in Ziegra, erbrachte gute schulische Leistungen. Trotz Kindheit auf dem Land und den erschwerten Bedingungen des Aufwachsens in der Nachkriegszeit erarbeitete er sich in der DDR eine Karriere vom Abitur bis hin zum Ingenieursstudium. Allein die Promotion blieb ihm aufgrund des Zugriffs der Stasi verwehrt. Nach einigen wissenschaftlichen Veröffentlichungen präsentiert er nun seine Memoiren „Meine Kindheit in Ziegra in den Jahren 1943 bis 1952". Diese sind nicht nur sein erstes nicht-wissenschaftliches Werk, sondern vor allem auch ein Zeitzeugnis für die Familie des stolzen Ehemanns, Vaters sowie sechsfachen Groß- und vierfachen Urgroßvaters.

DER VERLAG

VINDOBONA
VERLAG SEIT 1946

ein Verlag mit Geschichte

Bereits seit 1946 steht der Vindobona Verlag im Dienst seiner Bücher und Autoren. Ursprünglich im Bereich periodisch erscheinender Journale tätig, präsentiert sich der Verlag heute als kompetenter Partner für Neuautoren am deutschen, österreichischen und schweizerischen Buchmarkt. Engagement, Verlässlichkeit und Sachverstand – das sind die Grundpfeiler, auf denen der Verlag seit jeher sicher steht.

Sie möchten mit Ihrem Werk das vielseitige Verlagsprogramm bereichern? Der Vindobona Verlag garantiert Ihnen eine professionelle Prüfung Ihres Manuskriptes durch das Lektorat sowie eine zeitnahe Rückmeldung.

Genauere Informationen zum Verlag finden Sie im Internet unter:

www.vindobonaverlag.com